Vive la 5e !

Ségolène Valente

Vive la 5e !

RAGEOT

À mon père.

Une première version de ces textes
a paru en Rageot Poche sous les titres
Un jeudi à la mer, *Le voyage en Angleterre*
et *La fête de fin d'année.*

Cet ouvrage a été imprimé sur un papier
issu de forêts gérées durablement,
de sources contrôlées.

Couverture et intérieurs : Isabelle Maroger

ISBN 978-2-7002-5106-7

Un jeudi à la mer

Camille

Love story à Tahiti

Malika s'est enfoncée dans les coussins. Elle a appuyé la tête contre mon épaule et a ouvert le magazine des stars à la dernière page. Ne pas s'endormir un vendredi en fin d'après-midi avec cette chaleur, la petite musique d'ambiance et le clapotement de la pluie dehors relevait de l'exploit. Je révisais mes verbes irréguliers pour l'interro d'anglais. J'en étais au cinquième de la liste, to become, became, become, devenir, lorsque Malika m'a interrompue.

– C'est quoi ton rêve ?

Mon rêve ? Là maintenant, dans une salle d'attente de dentiste, devant une affiche sur les caries ?

To dream, dreamt, dreamt, rêver. Celui-là, je m'en souvenais.

– Et toi ? ai-je demandé.

Elle m'a mis le magazine sous le nez et elle s'est exclamée :

– Mon rêve, c'est ça !

J'ai abandonné mes verbes pour jeter un coup d'œil sur le rêve de Malika. Un couple en maillot de bain s'embrassait langoureusement sur une plage déserte, devant une mer bleu turquoise.

– Quoi ça ? Les amoureux ?

– La mer ! La mer rien que pour moi.

– Humm... Pas très original.

– Je ne fais pas un concours ! Tu sais Caillou, le bonheur c'est complètement banal. Tout le monde rêve de la même chose.

J'ai hoché la tête sans avoir le courage de la contredire. Elle a enroulé une mèche de cheveux autour de son index.

– On t'offre la plage, la mer, les cocotiers rien que pour toi et tu refuses ?

– Non, mais bon...

Elle m'a lancé un clin d'œil et s'est écriée :

– Toi tu préfères le couple qui s'embrasse, c'est ça ? Je m'en doutais !

– Pas du tout, je...

J'ai remonté mes lunettes qui glissaient sur mon nez. Les poissons dans l'aquarium me fixaient bizarrement. Malika a déroulé sa mèche et a déclaré :

– Le problème, c'est le prix.

Et elle a fait sa moue habituelle en relevant la lèvre supérieure. Elle a sorti son téléphone portable pour vérifier ses messages. Qu'est-ce qu'elle attendait ? Un SMS du père Noël ? « Bravo, vous avez gagné un voyage à la mer pour deux personnes » ?

– Si on enlève les cocotiers, le bleu du ciel et le sable blanc, c'est forcément moins cher, a-t-elle ajouté. La mer n'importe où, ça me suffit.

– Plus que neuf mois avant les grandes vacances, me suis-je moquée. Tu ne peux pas faire des rêves plus accessibles ?

– Comment ça accessibles ?

– Aller au Mac Do avec moi, dénicher le petit haut de tes rêves pas cher, chatter avec quelqu'un de super que tu ne rencontreras jamais…

– Mais il est archi-simple mon rêve ! Je veux avoir la mer un jour à moi, rien qu'à moi. Un jour de pluie comme aujourd'hui, c'est l'idéal, il n'y a personne. Pas besoin d'aller au bout du monde !

Malika a envoyé le magazine sur la table basse, elle a posé ses pieds sur la chaise d'enfant et s'est mise à délirer en enroulant et déroulant sa mèche de plus en plus vite.

– Imagine… Tu prends le train à l'heure où les copains rentrent en classe, tu passes une journée à la mer quand les élèves de la France entière travaillent, tu te régales de moules frites alors que Charlotte, Antoine, la bande à Nono et les autres sont à la cantine devant leur assiette de nouilles trop cuites. Pour moi, le bonheur c'est ça : faire ce que les autres ne peuvent pas faire.

Faire, to do, did, done. Pas facile celui-là.

La porte de la salle d'attente s'est brutalement ouverte et le dentiste a affiché un sourire éclatant, à croire que son bonheur à lui était de charcuter la bouche de ses patients.

J'ai envoyé un coup de coude à Malika qui planait encore sur son petit nuage. Grâce à son sixième sens de détecteur de caries, l'homme à la blouse blanche s'est adressé précisément à elle :

– À nous, mademoiselle !

Ma copine a tressailli, les yeux aussi ronds que ceux des poissons.

– Qui ? Moi ?

Elle s'est appuyée sur mon épaule pour s'extirper du canapé et elle m'a glissé à l'oreille :

– Et mon pire cauchemar, tu sais ce que c'est ?

J'ai fait signe que oui. Depuis une semaine, j'en entendais suffisamment parler : la roulette, le plafond blanc, la lampe dans les yeux, le nez du dentiste en gros plan, les questions qu'il pose quand on a la bouche ouverte, l'impression qu'il va nous embrasser dès qu'il se penche un peu trop près… Si je ne l'avais pas accompagnée, à l'heure qu'il est elle serait sur un banc du square en train de se laver les dents au Carambar et de soigner sa carie à la fraise Tagada.

– Pense aux cocotiers ! ai-je murmuré.

– Je vais essayer. Si tu m'entends crier à l'aide, tu viens me chercher, promis ? Help, il est dans les verbes irréguliers ?

Et elle m'a adressé un petit sourire moqueur. Désolée, chacune sa méthode. Malika préfère attendre la veille du contrôle pour réviser sinon elle oublie tout. Moi, si je m'y prends la veille, je suis tellement stressée que je ne retiens rien.

Elle a laissé traîner un œil nostalgique sur le magazine et a rejoint le dentiste dans la salle de torture. J'étais sûre que tout irait bien. C'est comme moi quand je fais un exposé devant toute la classe. J'ai une peur bleue et au moment où je suis sur l'estrade, je m'aperçois que ce n'était pas si horrible que ce que j'imaginais. Malika ne sentirait rien et tout se passerait bien.

J'ai repris ma liste de verbes. Begin, began, begun, commencer. Commencer quoi ? Une nouvelle année ? Une nouvelle aventure ?

À part les poissons, personne ne me voyait. J'ai saisi le magazine des stars et j'ai arraché la page de ses rêves. Malika pourrait la garder dans son agenda et la déplier les jours de cafard.

Sur le sable étincelant, j'ai dessiné deux gros cœurs et j'ai écrit : « On aura tous notre love story à Tahiti ». J'ai plié la feuille en quatre et je l'ai glissée dans la poche de mon jean. Un monsieur est entré et s'est installé à côté de l'aquarium. Les poissons ont remué la bouche comme pour rapporter ce que je venais de faire.

J'étais en train de m'endormir sur la colonne du prétérit quand j'ai entendu un cri aigu provenant de la salle de soins. Je me suis précipitée dans le couloir avec ma parka sous le bras, mon livre d'anglais dans une main et mon sac dans l'autre. Malika était allongée sur le siège, les mains crispées sur les accoudoirs.

– C’est terminé pour aujourd’hui ! s’est exclamé le dentiste, toujours d’aussi bonne humeur. Alors, mademoiselle, ce n’était pas si terrible que ça ?

Malika a marmonné comme si elle avait encore la roulette dans la bouche :

– Était horribe. Ai uper mal !

Elle s’est rincé la bouche vite fait et on s’est précipitées dehors.

– L’assassin ! a-t-elle lancé en se tenant la joue. Il l’a fait exprès. Je vais cauchemarder pendant une semaine !

Le moment était idéal pour sortir de ma poche la photo du magazine.

– Tiens, si ça peut égayer tes nuits !

Elle l’a dépliée et a lu mon petit mot. Un large sourire a illuminé son visage. Elle a envoyé trois bisous sur le papier glacé et a glissé un œil vers moi.

– Je ne sais pas ce que je deviendrais sans toi ! s’est-elle exclamée.

J’ai mis ma capuche et j’ai compté jusqu’à trois avant de faire le premier pas sous la pluie. Les déclarations les plus courtes sont les meilleures.

Camille

Zen et bronzée

Moi non plus, je ne sais pas ce que je deviendrais sans Malika. Pourtant, j'ai cru qu'on ne serait plus jamais copines après ce qui s'était passé cet été à la mer. Une histoire obscure (à propos d'un certain Rémy) que j'étais bien décidée à éclaircir dès mon retour.

J'étais rentrée de vacances depuis à peine une heure, c'était un mois et demi avant le rendez-vous chez le dentiste. Il faisait beau et on n'était pas encore en cinquième.

Malika était assise sur le radiateur devant ma fenêtre ouverte, les bras posés sur la rambarde. Elle portait sa nouvelle bague en perles mauves, des lunettes noires, un débardeur aux bretelles en dentelle et profitait des derniers rayons du soleil de l'été. Elle m'observait vider mon sac de voyage.

Le bruit du ballon de mon frère Tom qui révisait ses dribbles juste en dessous de ma chambre n'avait pas l'air de la déranger. Moi si. Bing, bing. Bing, bing. Comme des coups de marteau qui me martelaient la tête avant que j'aborde la douloureuse question.

– T'as pris des couleurs quand même, a-t-elle lancé.

– Merci.

Je n'étais pas mécontente de mon bronzage de fin de vacances. Rien à voir avec les rougeurs des premiers jours.

J'ai sorti les dernières affaires de la pochette sur le côté et posé mon sac dans le couloir. Malika devait me trouver froide pour des retrouvailles. Mais mieux valait qu'elle ne se fasse aucune illusion : elle n'obtiendrait pas un sourire de moi avant de m'avoir fourni des explications.

J'empilais mes vêtements sales dans le bac à linge lorsqu'elle m'a demandé :

– C'est quoi ce machin ?

– Un cahier.

– Ma pauvre, tu t'es payé des devoirs de vacances ?

– C'est un journal intime.

– Chouette ! Je n'ai rien à lire en ce moment, tu me le prêtes ?

– C'est secret un journal intime, je te signale.

Elle a feuilleté d'un geste rapide le cahier que ma tante m'avait offert pour raconter ma sixième et elle s'est exclamée :

– Wahou ! C'est toi qui as écrit tout ça ! Qu'est-ce que tu peux raconter avec toutes ces phrases ?

– C'est personnel.

– Excuse. Je le repose.

Elle a envoyé mon journal intime sur le coin de mon bureau et elle a repris sa position bronzette au bord de la fenêtre. C'était l'instant idéal pour aborder le sujet qui me torturait. Je me suis approchée pour secouer ma serviette de plage dehors et j'ai soufflé :

– On a chacune ses petits secrets.

Mon frère a grogné :

– Ohé ! Je suis en dessous moi !

– Eh bien va jouer ailleurs, tu nous saoules avec ton ballon, ai-je répliqué.

Il a repris son dribble. Bing, bing. Bing, bing.

– Même à sa meilleure copine, on ne dit pas tout, ai-je insisté en me tournant vers Malika.

Elle a relevé ses lunettes sur sa tête. Elle a glissé un genou sur l'autre en faisant bien attention que sa jupe ne soit ni trop remontée ni pas assez. Elle m'a regardée avec étonnement. Mon message devait être encore trop vague. D'accord, j'allais entrer dans le vif du sujet :

– Toi aussi tu me caches des choses.

– Vois pas.

Elle a mis la branche de ses lunettes dans sa bouche et l'a coincée entre ses dents. Les dribbles de Tom ont redoublé de vitesse mais impossible de fermer la fenêtre, Malika n'aurait pas supporté d'être privée d'air frais et de soleil. J'ai enfin posé la question fatale :

– Tu te souviens de ce que tu as dit à Alex cet été ?

– Absolument pas. Pfff ! J'ai une mémoire de papillon en ce moment. C'est de saison, tu me diras !

– Je vais donc rafraîchir ta mémoire de papillon… Tu lui as dit que tu avais un petit copain.

– Ah ? Peut-être.

– Tu lui as dit que tu sortais avec…

J'ai serré les dents pour ne pas fondre en larmes et j'ai murmuré :

– … avec Rémy.

Cette révélation avait gâché la suite de mes vacances. Comment ! Ma copine Malika sortait avec mon Rémy à moi ?

Malika a pouffé de rire. Elle a plié ses lunettes et les a accrochées dans son décolleté qui est devenu encore plus plongeant.

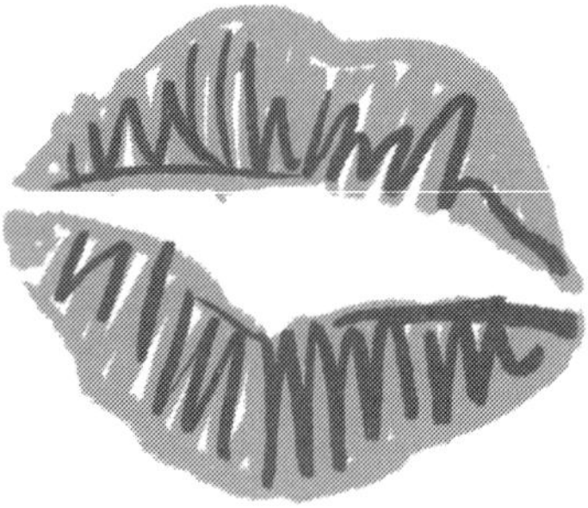

– Mais oui, bien sûr, je sors avec Rémy ! Tu ne t'es rendu compte de rien ? Il m'emmène en boîte le week-end, il m'offre des cadeaux, on s'embrasse dès que tu as le dos tourné !

– Qu'est-ce que tu racontes ?

– Il passe sa main dans mes cheveux, ça me fait de l'électricité jusqu'au bout des doigts de pied. Il s'approche, me tend ses lèvres, les pose sur ma bouche, sort sa langue mouillée et hop ! Roulez patins ! À l'envers, à l'endroit ! Ça tourne des heures et des heures !

– Arrête !

– Qu'est-ce qu'on a pu s'embrasser pendant que tu étais au bord de la mer et que tu racontais ta vie à ton cahier ! J'ai pas les lèvres gercées ?

– Ce n'est pas vrai, espèce de menteuse !

Elle m'a examinée, les yeux brillants, prête à éclater de rire.

Je serrais une paire de chaussettes dans ma main moite pour ne pas craquer. Elle a esquissé un sourire et a lancé très calmement :

– Non, ce n'est pas vrai.

– Quoi ?

Elle a explosé de rire.

Un peu plus et je lui envoyais ma paire de chaussettes à la figure.

– Tu te rends compte de ce que tu dis ! me suis-je écriée.

– Qu'est-ce qu'il y a ? On ne peut plus plaisanter ? Ça y est, on est grandes, on entre en cinquième, alors ciao la rigolade ? Plus de petits bisous, plus de délires sur les mecs, plus d'histoires bêtes ? Caillou, détends-toi, c'est encore les vacances. Reste zen et bronzée !

Bing, bing. Bing, bing. Mon frère me tapait de plus en plus sur les nerfs.

– Mais pourquoi tu as dit à Alex que tu sortais avec Rémy alors ?

– C'est venu comme ça, sans réfléchir. Je ne voulais pas qu'il s'imagine des trucs sur son pouvoir de faire pleurer les filles. J'ai dit Rémy mais j'aurais pu dire Nono ou n'importe qui… Tom, par exemple.

Bing, bing. Bing, bing. Je me suis penchée à la fenêtre et j'ai beuglé :

– Arrête avec ce ballon, va jouer ailleurs par pitié !

Je me suis tournée vers Malika.

– Oui, mais tu as dit Rémy…

– OK, OK, OK ! La prochaine fois, je tournerai ma langue douze fois dans ma bouche avant de raconter un bobard ou je dirai : « Suite de la conversation demain après une bonne nuit de réflexion, sinon Camille va m'en faire une tartine pendant trois siècles. »

– Tourne ta langue une ou deux fois dans ta bouche, ça suffira.

– OK d'ac pour une ou deux fois ! Tu me pardonnes ?

Elle m'a adressé un sourire charmeur. Tom a arrêté de dribbler. J'ai souri à Malika. Elle m'a fait un gros bisou sur mes deux joues encore bronzées. J'ai remis mes lunettes en place et j'ai murmuré :

– Il ne s'est jamais rien passé entre vous ?

– Jamais.

– Promis ?

– Promis. Juré. Craché.

– Si tu savais comme je suis soulagée !

Bing ! Soudain, ma tête a fait trois tours sur elle-même. Mes lunettes ont volé à travers la chambre, je me suis retrouvée dans le noir complet, écroulée sur mes vêtements éparpillés par terre. J'ai entendu la voix douce de Malika :

– Ce n'est rien, Caillou, relève-toi…

Comme ça « rien » ? Trente-six chandelles dansaient au-dessus de ma tête.

– … C'est juste le ballon de ton frère.

Cette nouvelle m'a réveillée d'un coup. J'ai ouvert les yeux et j'ai passé la main sur mon crâne.

– Il est où cet imbécile ?

– Sous ton bureau.

Je ne parlais pas du ballon mais tant pis. J'ai rampé pour l'attraper.

Je me suis approchée encore étourdie de la fenêtre. Tom se planquait, comme par hasard.

J'ai envoyé le ballon de toutes mes forces dans le jardin du voisin qui venait de partir en vacances. Et ma colère s'est envolée loin, très loin. Une sensation de plénitude m'a envahie.

Je me suis tournée vers Malika, encore sonnée mais zen.

– Bon débarras ! me suis-je exclamée, le sourire aux lèvres.

Malika est restée immobile, les yeux rivés sur le jardin du voisin.

– Il va le chercher partout son ballon, a-t-elle déclaré.

– Ça lui fera les pieds.

– Tu as raison. J'en pouvais plus de son vacarme d'enfer. Tu as bien du mérite de supporter ton frère vingt-quatre heures sur vingt-quatre. Moi je l'aurais envoyé paître depuis longtemps. Un jour, il se rendra compte qu'il a une sœur en or et qu'il faut qu'il fasse attention à elle.

Je l'ai regardée droit dans les yeux et là, j'ai pensé la même chose que Malika à la sortie de chez le dentiste : je ne sais pas ce que je deviendrais sans elle.

Malika, la copine en or avec qui on ne s'ennuie jamais parce qu'elle a toujours une idée tordue derrière la tête, un sujet de conversation saugrenu, des questions inattendues, des rêves farfelus. Oui, j'avais une copine en or moi aussi, il fallait que j'y fasse attention.

Alors zen pour la cinquième… Et bronzée pour la rentrée !

Camille
100 % cinglée

La pluie ruisselait sur les carreaux de mes lunettes. Malika, qui frôlait les murs pour s'abriter, recevait toute l'eau des gouttières. On avait à peine traversé la rue du dentiste qu'elle ne pensait plus à son assassin au sourire de glace, à croire que le plafond blanc lui avait inspiré des idées moins noires que prévu.

– Tu n'aimerais pas partir à la mer à l'improviste ? a-t-elle demandé.

– Je n'ai jamais réfléchi à la question.

Elle a laissé passer un silence, ce qui signifiait : « Eh bien, réfléchis maintenant. » Elle est entrée dans la boulangerie s'acheter un petit remontant sucré. Derrière la vitrine embuée, j'ai donc réfléchi en regardant les éclairs au chocolat et les tartes aux framboises. Décider de partir à la mer du jour au lendemain, ça devait être génial : monter dans sa voiture, faire le plein, prendre l'autoroute. Oui mais : 18 – 12 = 6. On avait encore six ans à patienter avant de passer le permis de conduire.

En évitant de justesse les éclaboussures d'un camion qui passait trop près, j'ai eu soudain un éclair de génie. Malika ne s'amuse pas à poser des questions pour le plaisir de faire réfléchir les gens. Surtout pendant six ans. Pourquoi attendre d'avoir son permis de conduire ? Et le train ?

Quand elle est revenue avec son sachet de bonbons, j'ai demandé :

– C'est sérieux ton histoire de sortie à la mer ?

Elle a déroulé le réglisse, l'a coincé entre ses dents pour remettre son porte-monnaie dans son sac et a rétorqué :

– Tu me chous-echtimes. Je penchais que tu me connaichais mieux. Ch'est tellement trichte la vie, chi on ne peut plus réaliser ses rêves ! Une banane ?

J'ai ouvert la bouche et elle a déposé une banane jaune fluo sur mes papilles. Malgré l'explosion de bonheur, je suis restée sur ma position.

– Un rêve, ça doit rester un rêve. La réalité n'est jamais à la hauteur, on est forcément déçu.

– Je pars un matin, l'air de rien, comme si j'allais en cours. Sauf que je ne vais pas en cours…

– Tu veux dire que tu sèches ? Tu sais ce que ça signifie sécher ? Le principal appelle tes parents au bureau, la police…

– J'aurai bien sûr fourni un mot d'excuse bidon du genre : « Ma fille a mal au ventre. » Je pars un matin donc, direction la gare. J'achète un billet.

– Avec quel argent ? Il faut beaucoup d'argent.

Elle a répondu du tac au tac :

– Mes économies suffiront. Je ne vais pas à l'autre bout du monde.

J'avais beau freiner des quatre fers pour essayer de l'en dissuader, Malika avait déjà tout prévu pendant qu'elle se faisait charcuter par son dentiste.

En gros, il ne lui restait plus qu'à me convaincre. Malika est capable de tout du moment qu'elle embarque quelqu'un dans son aventure. Et moi je suis la proie idéale. Je lui résiste très difficilement. Forcément, je suis sa meilleure copine depuis le premier jour de notre sixième !

J'imaginais sans peine la suite de notre conversation. Malika me regarderait droit dans les yeux et me supplierait de sa petite voix douce : « Caillou, ne me laisse pas tomber. Viens avec moi. Oui, je suis cinglée, parfaitement. Et alors ? Si on était tout le temps sérieuses et obéissantes, on s'ennuyerait, non ? »

Oui peut-être mais sur ce coup, pas question que je la suive.

– Le problème, c'est que j'aimerais bien partager cette journée avec une copine, a-t-elle lancé en secouant le paquet de bonbons pour chercher un crocodile.

C'est bien ce que je craignais : elle avait fait ses plans et maintenant elle m'embarquait dans son histoire.

J'ai blêmi, craignant d'avoir à lui répondre : « Ne compte pas sur moi pour t'accompagner. »

– Je ne te demande pas à toi, a-t-elle ajouté, je sais que tu ne sécherais jamais les cours, je te connais. Charlotte, qu'est-ce que tu en penses ?

– Charlotte ?

– Non, tu as raison, elle est capable de tout raconter à n'importe qui pour une tablette de Crunch. J'ai besoin de quelqu'un de discret. La nouvelle, peut-être ?

Quoi !

Elle pensait à Anaïs !

J'ai avalé ma salive dans un énorme gloups.

– Anaïs, c'est bien le genre à me suivre dans mes délires, a continué Malika, tu ne trouves pas ? Je suis sûre qu'on est sur la même longueur d'onde toutes les deux.

Anaïs était prête à se mettre sur la même longueur d'onde que n'importe qui pour se trouver une copine ! Même à accepter de Charlotte un carré de Crunch tombé par terre.

Malika a alors plongé la main dans le sac de bonbons pour sortir des lèvres rouges, goût cerise.

– Déjà, une chose est presque sûre, Rémy viendra…

– Rémy !

– Oui, Rémy.

Elle a fait mine d'embrasser le bonbon-bouche passionnément.

– Humm, ta bouche Rémy, ta bouche, ta bouche ! J'ai envie de la dévorer.

Je me suis mise à saliver comme une folle. Est-ce que c'était l'appel du bonbon ou l'effet Rémy ?

J'ai pioché au hasard trois petits œufs pour me remettre de mes émotions. Aller à la mer avec Rémy, le plus beau garçon du collège, qui refuserait ?

Soudain, comme par enchantement, il s'est arrêté de pleuvoir et le soleil a fait son apparition. Forcément, quand on prononce le nom magique de Rémy, même le climat est bouleversé.

Malika a passé sa langue sur ses dents pour décoller un morceau de bonbon et elle s'est exclamée :

– Il a trouvé mon idée géniale ! Tu vois, je ne suis pas la seule folledingue sur terre. Il voulait même partir deux jours mais là, j'ai dit stop. Deux jours, ce n'est vraiment pas raisonnable. Une journée, c'est déjà un bon début, tu n'es pas de mon avis ?

– Le début de quoi ?

J'écoutais un mot sur deux ; le reste, je pensais à Rémy. Je l'avais croisé plusieurs fois depuis la rentrée dans les couloirs du collège. Rémy bronzé, les cheveux ras depuis qu'un de ses copains lui avait fait une coupe à la tondeuse. Toutes les filles étaient folles de sa nouvelle tête, même si le copain l'avait tondu d'un peu trop près au-dessus de l'oreille gauche.

Les images de ce qu'on avait vécu l'année dernière défilaient devant mes yeux. Et dire que moi Camille, j'étais sortie avec lui ! Et dire que c'était plus ou moins ma faute si on n'était plus ensemble ! Est-ce que ce voyage n'était pas l'occasion de me réconcilier avec lui ?

Et si c'était l'objectif premier de Malika ? Au fond, elle se démenait peut-être pour faciliter nos retrouvailles : elle avait cherché un endroit extraordinaire, elle nous réservait une aventure insolite et nous déroulait le tapis rouge sans me l'avouer clairement.

Malika a examiné ma parka.

– Tu me la prêteras quand j'irai à la mer ?

Je n'ai pas eu le temps de réagir.

– Laisse tomber, elle a enchaîné, je trouverai une autre solution.

Autrement dit : Rémy me prêtera son blouson.

– Au fait, Camouille, tu as des nouvelles d'Alex ? a-t-elle interrogé.

– Je lui ai écrit mais il ne m'a pas répondu.

– Ça ne m'étonne pas, ce n'est pas le genre à écrire, tu ferais mieux de le jeter aux oubliettes celui-là. Tu connais ma théorie : loin des yeux, loin du cœur.

Je la connaissais, cette devise, mais je n'étais pas d'accord avec cette vision de l'amour. J'avais toujours le bracelet d'Alex dans ma trousse et je regardais ma messagerie tous les jours.

Il s'est remis à pleuvoir à grosses gouttes. Normal, on ne parlait plus de Rémy. On a couru chez moi. Courir, to run et après ? À revoir…

On arrivait à la maison. Plus que quelques pas avant de nous dire au revoir. À cet instant, j'ai ressenti un gros malaise, mes jambes ont flageolé. Comment quitter Malika alors que je n'étais pas sûre de la retrouver lundi en cours de maths ?

J'ai cherché mes clefs cinq minutes au fond de mon sac avant de m'apercevoir qu'elles étaient dans ma poche. En plus, la grille était ouverte, mon frère Tom était déjà rentré. Soudain, le portable de Malika a sonné. Et si c'était Rémy qui lui disait : « Alors, on part quand ? »

Je lui ai dit au revoir mais j'avais la gorge nouée en la voyant traverser la rue. Au moment de fermer la porte, je l'ai entendue crier :

– Au fait Caillou, je ne t'ai pas demandé, tu veux venir avec nous ?

J'ai pris une profonde inspiration, j'ai remonté mes lunettes et, après au moins six secondes de réflexion, j'ai répondu :

– Tu pensais que je refuserais ? Tu me sous-estimes.

Elle a souri de toutes ses dents et elle m'a envoyé un bisou en soufflant sur sa main.

– Alors réserve ton jeudi, a-t-elle lancé. On a endurance, ça me soûle.

– Jeudi qui vient ?

– Et trouve de quelle gare il faut partir pour aller en Normandie, la Gare de l'Ouest n'existe pas.

Dans six jours !

Elle voulait qu'on parte dans six jours ! Pile le jeudi où on avait l'interro sur les verbes irréguliers ?

À ce moment, ma mère s'est garée devant la maison. Elle est sortie de la voiture, a ouvert le coffre rempli de courses et elle m'a ordonné :

– Tu m'aides à rentrer les sacs, Camille, s'il te plaît.

Malika qui avait flairé la corvée s'est sauvée en vitesse.

Les vagues, la plage, les bateaux... C'est sûr, même sous la pluie, la mer serait un spectacle plus réjouissant que les paquets de coquillettes et les rouleaux de papier toilette dans le coffre de la voiture. Entre ma mère qui râlait parce que j'avais renversé le sac de pommes sur le trottoir ou le bruit des vagues en compagnie de Rémy et Malika, j'ai vite coché la case de mon choix.

Choisir, to choose, chose, chosen. Si je vais à la mer jeudi, je peux même oublier mes verbes irréguliers. Oublier… oublier… C'est drôle, je ne m'en souviens plus de celui-là !

Camille

Mi-figue, mi-Rémy

La décision a été plus facile à cocher qu'à assumer. D'habitude je tourne huit fois ma langue dans ma bouche avant de parler mais là, je ne l'avais pas tournée du tout.

Je n'ai plus pensé au voyage à la mer du week-end. Dimanche soir, quand la présentatrice de la météo a annoncé les températures sur la Normandie, ma réplique à Malika « Tu pensais que je refuserais, tu me sous-estimes » m'est revenue comme un boomerang. Qu'est-ce qui m'avait pris de dire ça ? J'étais folle ou quoi ?

Prendre tous ces risques pour passer une journée sous la pluie et revenir avec un rhume !

Ma réponse idiote m'a hantée une bonne partie de la nuit. Allongée dans mon lit, je regardais défiler les raies lumineuses des phares.

Ce n'est pas simple de renoncer à quelque chose qui promet d'être un pur moment de bonheur.

Mais cette aventure était impossible, je ne savais pas ce qui m'avait pris d'accepter. Malika est très forte pour me piéger. Comment lui annoncer que j'avais décidé de ne plus partir ?

Le lendemain matin, je réfléchissais encore en attendant Malika pour aller au collège. Il me restait à peine cent vingt secondes pour trouver la meilleure façon de lui avouer que ce voyage était de la pure folie et qu'on annulait tout.

La méthode la plus efficace était de lui dire franchement, quitte à me faire incendier pendant un quart d'heure : « Bon, j'ai réfléchi ce week-end. Je ne pars pas. »

Le problème c'est que passé le mauvais quart d'heure, elle pouvait me faire la tête des semaines parce que je lui avais gâché sa journée de rêve.

Autre possibilité : essayer de la dissuader en citant un à un les risques que nous prenions. Par exemple, je répliquerais, l'air étonnée :

– Tu comptes toujours y aller ? Mais si on fait des mauvaises rencontres !

C'était certain, elle trouverait une parade :

– Des mauvaises rencontres, on peut en faire partout. Qu'est-ce que tu crains ? Te faire pincer le doigt de pied par un crabe ?

J'avais une autre possibilité, tenter la mauvaise foi :

– J'ai dit que je partais avec toi à la mer, moi ? Tu as mal compris. Je reste ici, j'adore l'endurance et je connais mes verbes irréguliers sur le bout des doigts.

Au beau milieu de ma réflexion, j'ai aperçu Malika sur le trottoir d'en face. Elle n'a pas eu le temps d'appuyer sur la sonnette, j'étais déjà en bas, la main sur la poignée de la porte. Courage, Camille.

Au niveau du bar-tabac, Malika s'est arrêtée net. Voilà, j'avais tout dit. Elle a baissé les bras et son sac a glissé.

– Qu'est-ce que tu racontes, Caillou ?

– Je... je ne me suis pas renseignée pour la gare.

– On part jeudi, je te signale.

Malika était déjà dans un état de colère avancé. Était-ce le bon moment pour lui révéler que je ne voulais plus venir ? Ses grands yeux noirs incandescents m'ont définitivement empêchée de m'exprimer. Elle a récupéré son sac et on a continué notre chemin.

– Je n'ai pas pu me connecter sur Internet, ai-je expliqué.

– J'ai préparé tout le reste moi ! Si tu ne t'occupes de rien, ce n'est pas la peine. On le fait à deux ce voyage ou on ne le fait pas !

– À trois, tu veux dire.

Elle m'a regardée avec un air ahuri et elle a marmonné en haussant les épaules :

– Oui, à trois ! J'ai dit quoi ? À deux ? Tu vois, tu me fais perdre la boule avec cette histoire de gare. Alors dépêche-toi, au boulot !

Je m'en voulais de ne pas être à la hauteur de ses espérances. Mais comment lui faire comprendre que son projet était irréalisable ? Deux filles de douze ans et un garçon de treize ans dans un train en pleine période scolaire, c'était louche ! Le contrôleur nous ferait descendre, il nous emmènerait au commissariat. Mes parents ont confiance en moi, je n'ai pas envie de les décevoir et qu'ils me privent de sorties jusqu'à la fin de ma scolarité. Allez, sois forte Camille, dis-le.

Ma langue était pâteuse, mes yeux me picotaient et mon cœur tambourinait. Les mots restaient coincés dans ma gorge. « Stop, je ne pars plus », la formule était simple pourtant, non négociable et facile à prononcer.

J'étais enfin prête à prononcer ces mots, quitte à descendre définitivement de quelques degrés dans l'estime de Malika, lorsque j'ai senti quelqu'un me frôler l'épaule droite. J'ai tourné la tête et je l'ai vu, lui, Rémy... Il nous a doublées d'un pas rapide, les écouteurs de son MP3 sur les oreilles.

J'ai envoyé un coup de coude à Malika. Elle a vu qui j'avais vu, juste devant nous : lui, Rémy.

– On ne dit pas bonjour, jeune homme ? a-t-elle lancé.

Rémy a retiré un écouteur. Il s'est retourné, nous a glissé un coup d'œil éclair et il a demandé d'une seule traite :

– Salut-ça-va ?

Heureusement, Malika a poursuivi la conversation.

– Bien. Et toi, la forme ?

– Olympique !

Et il a tracé à cent à l'heure en me laissant le loisir d'examiner son dos, ses jambes et sa démarche olympiques.

Une fois que je suis revenue sur terre, je me suis demandé pourquoi il ne s'était pas arrêté pour discuter de notre excursion. Malika lui avait-elle bien précisé que je faisais partie du voyage ? Peut-être pas. Comment réagirait-il quand il l'apprendrait ? Serait-il content de me voir ou déçu de ne pas se retrouver en tête-à-tête avec elle ?

– C'est bizarre que Rémy ne se soit pas arrêté pour parler de notre balade, ai-je chuchoté.

Malika a posé son index devant sa bouche en murmurant :

– Interdiction d'en discuter dans la rue, n'importe qui pourrait nous entendre.

Évidemment je comprenais maintenant pourquoi Rémy n'avait lancé qu'un coup d'œil discret dans notre direction. Juste avant le carrefour, la bande à Nono l'attendait devant une grosse voiture noire à laquelle ils étaient adossés comme si c'était la leur.

Comment avais-je pu hésiter une seconde à suivre Malika ? Mon cœur s'est emballé et j'étais incapable de le retenir. J'aurais été folle de laisser partir Rémy et Malika sans moi pour cette aventure qui m'inspirerait le début de mon journal intime de cinquième.

– Il n'y a que les imbéciles qui ne changent pas d'avis, dit mon père.

Et il ajoute :

– Mais ce n'est pas parce qu'on change d'avis qu'on est intelligent.

À méditer…

Il me restait deux jours pour trouver quelqu'un qui nous donnerait les cours qu'on manquerait jeudi. Malika pensait que c'était inutile de s'y prendre maintenant mais moi je me sentais moins coupable de partir dans ces conditions. Antoine était le plus sérieux de la classe et j'étais sûre qu'il accepterait sans poser trop de questions. Normal, d'après Malika, il est amoureux de moi depuis le début de la sixième.

Justement il entrait au CDI. Je lui ai emboîté le pas.

– Antoine, ça ne te dérange pas de me passer les cours de jeudi ? ai-je demandé en m'efforçant de toussoter.

– Pourquoi ? Vous séchez ?

J'ai bondi. Comment Antoine pouvait-il imaginer une chose pareille ? Heureusement, la documentaliste n'avait rien entendu. J'ai toussé un peu plus fort et j'ai ajouté :

– Je me sens malade.

– Pas de problème pour les cours.

Il a remis ses livres à la documentaliste. Il y avait un roman policier et un livre de blagues. Antoine avait bien changé. L'année dernière, il ne lisait que des bouquins d'histoire épais comme des dictionnaires.

– Merci, c'est sympa, ai-je déclaré.

Il m'a souri et tous ses boutons sur son visage se sont illuminés. Il m'a fixée comme s'il avait envie de poursuivre la conversation, voire plus, mais j'ai filé. Dès qu'on était à moins d'un mètre l'un de l'autre, j'avais peur qu'il se jette à mes genoux pour me faire une déclaration d'amour la main sur le cœur.

En sortant du CDI, je suis tombée nez à nez avec Littlebit, notre prof d'anglais.

– Hello, miss Camilla, a-t-il lancé.

J'ai souri et j'ai filé pour qu'il ne me parle pas de son club théâtre. Depuis la rentrée, il recrute tous azimuts. L'incident tant redouté n'a pas eu lieu. Il m'a juste regardée déguerpir dans le couloir comme s'il y avait une alerte incendie.

Camille

Des infos incognito

Mon mensonge était devenu réalité. Impossible de me connecter sur Internet afin de trouver la gare d'où partaient les trains pour la Normandie. Alors ce soir-là, il a bien fallu que je demande à mes parents. J'avais ma petite idée derrière la tête : suggérer à mon père de m'aider en maths et profiter de l'occasion pour avoir mon renseignement. Je l'ai écouté sagement, dix minutes, un quart d'heure, une demi-heure. Il notait des quantités de chiffres dans tous les sens sur une feuille avec mon crayon à papier vert pomme. Si je ne l'avais pas arrêté, on aurait fini le programme de cinquième.

– Merci papa, j'ai encore une leçon d'histoire, l'ai-je interrompu.

Il s'est levé et il s'est exclamé :

– À ton service ! J'adore ces petits exercices. Surtout n'hésite pas à me poser toutes les questions qui te passent par la tête, même les plus idiotes.

En vérité, j'hésite toujours à prononcer devant mon père la moindre phrase avec le moindre point d'interrogation au bout. Plus la question est bête, plus la réponse se veut intelligente. Et plus elle dure longtemps…

Il a tapoté le crayon sur sa main avant de déclarer d'un ton solennel :

– On est très contents de ton début de cinquième.

Séquence compliments. L'instant était excellent pour aborder le sujet qui me préoccupait. Il a poursuivi :

– Tu travailles toujours aussi bien et tu es plus détendue que l'année dernière.

J'ai souri.

– Tu as des amis, a-t-il continué, tu es équilibrée. Ta mère…

Ma mère, la mer… Allez, je me jette à l'eau !

– C'est quelle gare pour aller en Normandie ? ai-je demandé brusquement.

Mon père n'a pas paru trop surpris puisqu'il était là pour répondre à toutes mes questions, même les plus saugrenues.

– C'est au programme de géographie ?

J'ai acquiescé. Il s'est adossé à la porte. J'ai pensé que j'en avais encore pour une demi-heure.

– Ah ! La Normandie ! Tu sais qu'on s'est connus là-bas ta mère et moi, sur une plage, au coucher du soleil. Je faisais une partie de volley avec des amis et j'ai eu le malheur de taper trop fort dans le ballon. Le bonheur plutôt ! Puisqu'il est tombé près d'une très jolie femme… C'était ta mère. Belle histoire, non ?

C'est la version de papa. D'après maman, le ballon avait atterri sur ses lunettes, posées à côté de la serviette, et les avait cassées. Mon père avait insisté comme un dingue pour avoir son numéro de téléphone et l'inviter au restaurant pour s'excuser.

– Bon allez, bonne nuit ! a-t-il dit, une main sur la poignée de la porte.

Je me suis écriée :

– C'est quelle gare, alors ?

– Saint-Lazare.

J'ai noté le nom d'une main tremblante au milieu de la feuille de brouillon couverte de chiffres.

En prime, j'ai eu droit à toutes les façons de s'y rendre. En métro, en RER, en bus, en voiture. Mon père était soucieux de me donner la réponse la plus complète possible sans s'imaginer un instant qu'un prof ne nous poserait jamais une question pareille en géographie.

Gare Saint-Lazare. J'avais ma réponse. Ma copine serait fière de moi.

Mercredi après-midi à la danse, Malika, tout en s'aspergeant de son nouveau déodorant à la vanille, m'a annoncé :

– Il y a juste un petit souci mais ça ne nous empêchera pas d'y aller.

Puis elle a enfilé son collant mauve brillant.

Quel souci ? Grève des transports ? De la neige en octobre ? Le principal prenait le métro à la même heure ? J'ai horreur des « petits » soucis, c'est encore pire qu'un souci tout court.

– Tu as reçu mon message ? a-t-elle demandé.

– Non, j'ai un problème avec Internet à la maison.

Mon père travaille dans une société d'informatique, il se vante d'avoir choisi le meilleur opérateur, hyper rapide et hyper pas cher, et il est incapable de gérer le moindre problème !

– Rémy ne vient pas, a-t-elle déclaré en lissant son collant.

J'ai fixé l'affiche en face de moi avec la danseuse en tutu blanc qui enfilait son chausson et je me suis écroulée sur le banc. Comment pouvait-il se désister à la dernière minute ? Il m'en voulait sûrement, Malika avait dû lui raconter ce qui s'était passé entre Alex et moi cet été.

Ne pleure pas, Camille, retiens-toi. Ce n'est qu'un « petit » souci.

– Pourquoi ? ai-je interrogé d'une voix chevrotante.

– Aucune idée.

– Il ne t'a rien dit de plus ?

Elle a secoué la tête, attaché ses cheveux en queue de cheval et elle s'est admirée sous toutes les coutures dans la glace.

– C'est comme ça les mecs, Camillette ! a-t-elle lancé. Ils se dégonflent à la dernière minute ! À la limite je préfère, on sera plus tranquilles entre filles.

– Tu as insisté quand même ?

– Tu me connais !

Évidemment, on pouvait lui faire confiance.

– Et si j'allais le lui demander, moi ?

– Surtout pas, il va t'envoyer promener et tu vas pleurnicher pendant tout le voyage.

Je ne tenais pas à me faire rembarrer par quelqu'un pour qui j'éprouvais encore des sentiments. À cet instant, la musique a retenti et on s'est précipitées dans la salle de danse.

Je n'avais aucune envie de faire des tendus-pliés pendant une heure. Allez courage, parfois il faut se défouler un bon coup, après on réfléchit mieux.

Malika est entrée comme une vedette des fois qu'un garçon se soit inscrit ces jours-ci. Les filles ont scruté son nouveau body rose, son collant brillant et son chouchou assorti. Elle s'est placée devant le miroir et moi derrière elle, sur le côté.

Je me suis donnée à fond pendant toute l'heure mais je n'ai jamais été aussi mauvaise. Malika esquissait un sourire dès qu'elle tournait les yeux vers moi dans le miroir. Impossible de me concentrer, je ne pensais qu'à Rémy. Pourquoi me faisait-il un coup pareil ? Est-ce qu'il aurait préféré partir seul avec Malika ?

Mes jambes refusaient de se lever, mes épaules remontaient et mon grand écart était pathétique. La prof insistait : « Allez, encore un petit effort. » Elle ne voyait pas qu'il était déjà fourni le petit effort ? J'étais rouge comme une tomate.

– Mollo sur le grand écart, m'a glissé Malika, demain tu vas marcher comme un canard.

Pour finir, j'ai massacré la chorégraphie.

À peine arrivée à la maison, je me suis précipitée sur l'ordinateur qui fonctionnait enfin pour vérifier mes messages. J'avais juste une pub pour des -20 % chez Jennyfer.

Rémy nous lâchait. Tant pis pour lui.

Prends tes lunettes de soleil, ton maillot de bain et en route !

J'ai mis machinalement mes lunettes dans mon sac. Mon cœur battait au ralenti. J'ai vérifié que j'avais bien pris mon argent de poche. Des Kleenex. Une petite bouteille d'eau. Mon maillot de bain, mais je ne me faisais pas d'illusions : mi-octobre, l'eau devait être plutôt froide. J'ai ajouté mon nouveau cahier afin de noter des souvenirs. Tom est entré dans ma chambre pour récupérer la règle que je lui avais empruntée. Quand il a vu le maillot de bain au-dessus de mon sac, il a dit :

– C'est pour quoi ça ?

– Pour aller à la mer, bien sûr !

Il a rigolé sans imaginer une seconde que j'avais répondu la vérité. En sortant dans le couloir, je l'ai entendu demander à maman :

– Pourquoi Camille va à la piscine et pas moi ?

– Personne ne va à la piscine, a répondu maman qui passait une commande sur Internet.

Elle a envoyé Tom se coucher et j'ai préféré moi aussi ne pas veiller trop tard en prévision de la journée éprouvante qui m'attendait.

Ce soir-là, je me suis enfouie sous ma couette en me disant que c'était peut-être ma dernière nuit dans mon lit. Si par malheur je ne revenais plus jamais chez moi ? J'étais au chaud mais j'avais mal partout. Je grelottais et je serrais mon oreiller dans mes bras. Et si j'étais malade ? Ce serait une bonne excuse pour ne pas partir avec Malika. Oui mais il fallait au moins 40 de fièvre, une hospitalisation et un mot du médecin pour qu'elle ne me traite pas de lâcheuse à vie.

Et si finalement Rémy décidait de venir ?

Ah ! Rémy… Viens, s'il te plaît, viens ! Je lui ai envoyé un message par télépathie : « Viens, même à la dernière minute. Je serai là, ce sera magique ou simplement sympathique. Tous les trois, toi, moi et Malika. » Au fait, ça marche la télépathie ? J'ai des raisons d'y croire ou je peux toujours rêver ?

Je me suis levée en pleine nuit pour récupérer le bracelet d'Alex au fond de ma trousse.

Ça m'aiderait à oublier Alex. J'ai hésité à le mettre à la poubelle définitivement. Finalement, je l'ai caché dans mon armoire derrière une pile de pulls et je me suis endormie en pensant à Rémy.

Demain, il serait là.

Malika

La forme est avec moi

– Eh Malika, t'en as fait quoi de la zapette ? m'a demandé Farid en tournant comme un pit-bull énervé autour du fauteuil.

– Quoi ? Qu'est-ce que tu me veux, toi ? Vas-y, mets-le ton film de pingouins. M'en fiche, je vais me coucher après les pubs.

Et j'ai sorti la zapette toute chaude de derrière mon dos.

Cela faisait une heure que Farid insistait comme un dingue pour regarder *24 heures au bout de l'enfer* et que je refusais. Il serait temps qu'il apprenne qu'il n'est pas le seul sur terre ! Et puis j'avoue, c'est irrésistible de le voir en pétard, mon frère.

Après, mes parents crisent parce qu'on se dispute, ça met de l'ambiance, j'adore.

J'ai regardé le début de son film rien que pour voir à quel point c'était nul et, quand j'ai compris qu'il n'y aurait même pas une histoire d'amour pour faire passer les coups de pistolets et les courses-poursuites en voiture, je suis partie me coucher.

J'avais mieux à faire de toute façon. Bien mieux à faire...

J'ai allumé ma lampe de chevet et j'ai glissé la main sous le matelas pour sortir le carnet à paillettes que je venais d'acheter. J'ai pris mon stylo sous l'oreiller et je me suis installée confortablement.

La première page était d'un blanc aussi éblouissant que lorsqu'on regarde en face le soleil au mois d'août. Mon stylo sentait bon la framboise. Par quoi commencer ? Allez, je me lance. J'arracherai la première page si ce n'est pas bon. J'ai écrit en gros « Un jeudi à la mer ». Ça, c'est le titre. Super, et après ?

J'ai toqué au mur pour que Farid baisse le son. Les explosions et les hurlements, ce n'est pas top pour écrire en toute sérénité. Et voilà, j'y étais déjà ! La mer, le sable, les bateaux...

7 heures 20. Top départ. J'ai sauté dans mon jean, la forme était avec moi. Mis mes baskets en me brossant les dents. Dévalé les escaliers quatre à quatre. Pas besoin de vitamine C aujourd'hui, je vais faire le plein d'énergie.

Ma copine Caillou m'attendait sur le quai bondé, pire qu'un samedi au départ du grand 8 d'Eurodisney. Personne ne se doutait qu'on n'avait rien à faire ici. Je lui ai claqué une seule grosse bise sur la joue en la serrant contre moi.

– La forme est avec toi ? lui ai-je demandé.

Elle a essayé de lire l'heure sur mon portable. J'ai compris ce qu'elle avait dans le crâne : il était encore temps de faire demi-tour, on arriverait juste un peu en retard au cours en demi-groupe. Elle a parlé si doucement que je n'ai pas compris ce qu'elle disait.

– Combien ? ai-je demandé en lui tenant la main pour la rassurer.

– 38.

– 38 ? C'est pas de la fièvre ça ! C'est un état normal quand on vit quelque chose d'intense. L'émotion fait automatiquement monter la température. Tu as mal quelque part ?

On est entrées dans le wagon. Elle s'est assise sur un strapontin.

– Aux jambes.

– Tu m'étonnes ! Après tes exploits à la danse, hier ! Je t'avais prévenue !

– À la gorge aussi.

– Tu dois être allergique à la pollution. Un bon bol d'air pur et c'est reparti !

Je veux voir la mer et je la verrai, Caillou. Rien ne m'arrêtera.

Elle a toussé. J'ai consulté discrètement mon portable et je l'ai mis dans ma poche en gardant la main dessus pour ne pas me le faire piquer.

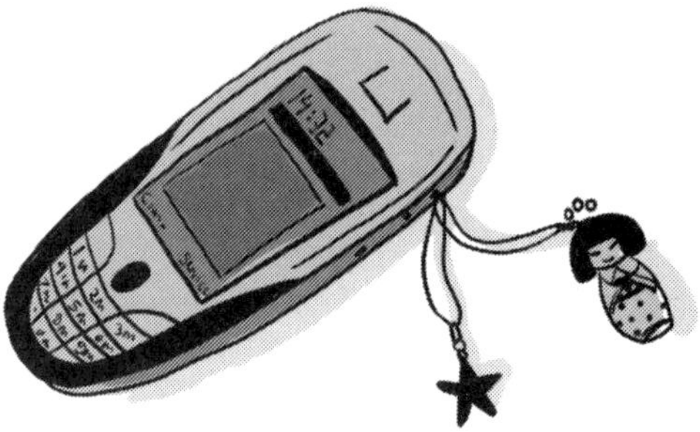

– Je sais ce que tu as, Camomille, ai-je déclaré comme on descendait à la gare Saint-Lazare en se faisant bousculer par tout le monde. Tu es hypocondriaque.

– C'est quoi hypocondriaque ?

– C'est une maladie qui te rend malade sans que tu le sois vraiment, simplement parce que ta tête l'a décidé.

– Alors je suis malade ou pas ?

– À toi de voir.

Dans le couloir du métro, elle a remonté la fermeture de sa parka. Pourvu que Camille ne soit pas réellement malade. Comment on fera une fois au bord de la mer pour trouver un docteur ?

Une fois arrivées dans le hall de la gare, je me suis arrêtée sous le panneau d'affichage des départs grandes lignes.

J'ai tourné ma bouche dans tous les sens et j'ai demandé :

– Tu veux aller où, Caillounette ?

– Comment ça ?

Elle a remonté ses lunettes, l'air subitement intéressée. Elle n'a pas pu contenir un sourire de soulagement.

– Toi aussi, tu as des doutes ? a-t-elle lancé.

– Des doutes, moi ?

– Si tu préfères, on rentre.

C'est vrai qu'il était encore temps de renoncer. On raterait l'heure en demi-groupe et on arriverait pile pour les maths. Tout ça pourrait très bien s'expliquer : « Désolées, on pensait que c'était le groupe B qui avait cours aujourd'hui ». À peine une petite remontrance et ce serait terminé.

Non, non, non, pas question de renoncer, ma petite Caillette.

– On part, ai-je déclaré. Mais si tu as une préférence pour la destination, je te suis.

– Je ne sais pas moi, je... euh... et toi, tu pensais à quoi ?

– Exprime-toi, vas-y, je t'écoute.

– Propose d'abord.

– Je m'en fiche, choisis, toi.

– Si tu t'en fiches, on n'est pas obligées de partir. Il n'y a pas de honte à abandonner, Malika.

– Abandonner ! J'ai dit ça, moi ? Alors quelle ville ? ai-je insisté. Il faudrait se décider.

– Mais tu ne sais même pas où on va ?

– C'est ça qui est génial ! On choisit à la dernière minute. Allez, c'est parti, on prend le premier train qui va à la mer. Dieppe, 9 heures 27, on a une bonne demi-heure pour acheter les billets et trouver le quai, on y va cool.

Elle a contemplé le tableau d'affichage, le regard fixe. J'adore lui faire des surprises, il n'y a rien de mieux pour entretenir l'amitié.

Malika

Une touche au guichet

Le distributeur automatique de billets nous indiquait à chaque fois une destination qui ne nous intéressait pas du tout. J'ai tenté de négocier avec lui.

– Si tu ne veux pas recevoir un coup de pied, explique-moi ce que tu veux clairement. Je m'en fiche de Dunkerque, je veux Dieppe !

Soudain, en levant les yeux, j'ai aperçu un groupe de policiers entrer dans le hall.

– La police ! me suis-je écriée.

– Quoi ?

Camille s'est retournée.

– Ne les regarde surtout pas, j'ai murmuré, on va se faire repérer.

On s'est planquées derrière le panneau d'affichage publicitaire et on les a suivies des yeux : les policiers ont traversé le hall en balayant du regard les alentours.

– Tu crois que le collège a déjà prévenu nos parents ? s'est inquiétée Camille. Qu'ils ont eu le temps d'aller au commissariat ?

Je lui ai fait de gros yeux en posant mon index sur ses lèvres pour qu'elle se taise.

– Viens, on va tout leur avouer, a-t-elle poursuivi. Faute avouée est à moitié pardonnée.

– Oui mais à moitié seulement. Regarde, ils partent. Ils sont juste là pour vérifier que tout se passe bien. Bon, on va au guichet acheter nos billets. On a assez perdu de temps avec ce distributeur. Mets tes lunettes de soleil.

– Maintenant ? Mais pourquoi ?

– Sinon, au guichet, ils vont deviner notre âge. Avec des lunettes, on nous rajoute dix ans, non ?

On avait l'air malignes à marcher sans voir où on mettait les pieds.

J'ai trébuché dans la valise d'un voyageur et Caillou avançait comme un escargot pour ne pas foncer dans quelqu'un.

– Deux allers-retours pour Dieppe, ai-je demandé au monsieur derrière la vitre.

– Moins de vingt-cinq ans ?

– Vingt-cinq ans pile, ai-je répondu du tac au tac.

Le type n'a pas eu l'air étonné. Sa collègue lui parlait à deux centimètres de l'oreille en gloussant.

– Bien joué, le coup des lunettes ! ai-je soufflé à Camille derrière ma main. Ça marche !

– Je crois surtout qu'il est plus préoccupé par sa collègue que par notre âge, a-t-elle rétorqué.

– Vous avez la carte moins de vingt-cinq ans ? a demandé le guichetier.

Camille et moi on s'est regardées avec étonnement.

– Quelle carte ? Il faut une carte pour prendre le train maintenant ! me suis-je exclamée.

J'étais sur le point d'exploser et de tout faire tomber à l'eau lorsque Camille a répondu d'une voix calme :

– On l'a oubliée.

– Quarante-neuf euros, a dit le type sans sourciller.

– Merci, ai-je marmonné à Camille.

Sans elle et son calme à toute épreuve, on était cuites.

Il fallait faire vite, chaque seconde qui passait nous mettait en danger. J'ai pris le porte-monnaie des mains de Camille. On a été obligées de baisser un peu nos lunettes pour ne pas confondre les billets qu'on lui donnait mais tout s'est merveilleusement bien passé.

On est parties le plus tranquillement possible pour ne pas attirer les soupçons.

– Cooool, ai-je chuchoté, on fait comme si de rien n'était. Avance normalement jusqu'à la librairie. J'ai l'impression que je lui plaisais au type, tu ne trouves pas ?

– Ah bon ?

Camille devrait changer ses lunettes parce que je lui plaisais carrément au guichetier. La preuve, sa collègue me regardait de travers.

On est entrées dans la librairie en attendant le départ du train et Camille s'est mise à feuilleter un magazine au hasard.

– Tu comptes acheter une voiture bientôt ? ai-je demandé en découvrant le titre du magazine, *Des moteurs à l'essai*. C'est pour la fête des pères ?

– Je ne me sens pas très bien, a-t-elle soupiré en s'éventant avec le magazine.

– Pas très bien ou franchement pas bien ? lui ai-je demandé avec inquiétude, en voyant son visage blafard sous les néons du magasin.

Sa santé risquait de compromettre notre voyage. Je ne pouvais vraiment pas la laisser dans cet état.

– Franchement pas bien du tout.

– Une petite vitamine C peut-être, ça te redonnera un coup de fouet.

J'ai cherché mon tube de vitamine C à croquer dans mes poches, dans mon sac, partout. Il n'y était plus.

– Où est-il passé ? Il n'est quand même pas tombé par terre ? Ou alors c'est Farid qui me l'a piqué.

– Ce n'est pas grave, a soufflé Camille en s'appuyant contre l'étagère. J'ai juste un peu de fièvre, ce n'est rien.

J'ai posé ma main sur son front et j'ai hurlé :

– Mais ça cramouille là-dedans ! Tu es brûlante ! Qu'est-ce que je peux faire pour toi ? Tu veux de l'eau ? Un gâteau ? Mon pull ? Viens, on va se mettre au chaud dans le train.

Tout le monde nous regardait. Même le vendeur. C'est en passant à côté du comptoir devant les stylos avec des capuchons en forme de cœur que j'ai tilté :

– Dis donc Camille, c'est parce que Rémy n'est pas là que tu n'es pas bien ?

– Pas du tout.

Qu'elle reste sans aucune réaction au nom de Rémy était inquiétant.

– Rémy… Oh oh Camille, Rémy, Rémy, Rémy !

J'avais beau répéter le prénom magique, aucune étincelle ne s'allumait dans ses yeux.

– C'est terrible ! me suis-je écriée. Il faut te soigner, on va trouver une pharmacie. Tiens, ils ont des pastilles à la menthe ici. Ça va te faire du bien à la gorge.

On est sorties du magasin et je l'ai aidée à avancer jusqu'au quai. Elle a avalé trois pastilles d'un coup.

– Courage, Camomille. Tu vas te reposer dans le train. Et une fois à la mer tu te sentiras en pleine forme.

Elle a souri. Je l'adore. Il faut être une fille super pour arriver à sourire quand on est si malade. Dans son état, j'aurais été incapable, même en me forçant, d'allonger le coin des lèvres vers le haut pour faire plaisir à ma meilleure copine.

J'ai jeté un œil sur mon portable. Pas de messages. Rémy aurait au moins pu nous laisser un petit mot gentil pour nous souhaiter bon voyage. Allez, go !

Malika

Carte d'identité SVP

J'ai tourné les billets dans tous les sens avant de trouver le bon côté à composter. Camille était assise sur un banc face à la voie C. Soudain, elle s'est levée et s'est écriée :

– Rémy !

Tout le monde s'est tourné vers elle. Mais le type qu'elle avait pris pour Rémy s'était volatilisé. Si j'avais eu le courage, je lui aurais tout avoué : « Ne t'attends pas à voir Rémy ici, je l'ai prévenu à la dernière minute et il m'a dit qu'il avait autre chose à faire de son jeudi ».

J'ai agité les billets de train compostés sous ses yeux et j'ai claironné :

– Que l'aventure commence !

– Ah ? Parce qu'elle n'avait pas encore commencé ?

Elle a remonté ses lunettes en haut de son nez. J'adore quand elle fait ce geste.

On a marché jusqu'à la voiture 7. J'entrais dans le train quand on a entendu une voix crier derrière nous :

– Carte d'identité, s'il vous plaît !

J'ai étouffé un cri derrière ma main et je me suis retournée au ralenti, de peur de trouver un contrôleur sur le quai, prêt à sortir son talkie-walkie pour appeler la police.

– Rémy !!! s'est exclamée Camille. C'est bien toi que j'ai vu tout à l'heure !

Il a éclaté de rire.

– Je vous ai fait peur ?

Camille s'est tournée vers moi avec un regard reconnaissant.

– Merci Malika.

Je lui ai adressé un clin d'œil mais, franchement, je n'y comprenais plus rien. Quand j'avais croisé Rémy en allant chercher le cahier de textes, je l'avais supplié à genoux de venir pour motiver Camille. Il m'avait répondu sur un ton sec : « Vous vous débrouillerez très bien sans moi », avant de dévaler l'escalier.

– Tu pars avec nous finalement ? ai-je demandé.

– Je venais juste vous faire un petit coucou, je commence à dix heures aujourd'hui. Alors, vous y allez vraiment ?

J'ai montré nos deux billets compostés.

– Comment ça « vous » ! s'est exclamée Camille. Tu ne viens pas avec nous ?

– Ils ont un contrôle de maths hyper important, j'ai expliqué. Allez, on va s'installer. On n'aura pas de places l'une à côté de l'autre si on traîne.

– Vous me rapporterez un petit souvenir ? a demandé Rémy.

– Tu n'as qu'à venir le choisir, a rétorqué Camille.

Et elle est devenue rouge comme le wagon.

– Allez, accompagne-nous à nos places, ai-je lancé à Rémy. Le train ne part que dans quelques minutes.

On s'est installées dans le wagon qui était presque vide. Rémy nous a fait une petite démonstration d'abdos en restant plus de dix secondes à l'équerre, appuyé sur les accoudoirs.

Moi je n'ai pas tenu plus de trois secondes. Camille s'est assise sans essayer, elle avait des courbatures partout à cause du cours de danse de la veille.

Tout à coup, les portes se sont fermées. Rémy a pris son sac et s'est précipité vers la sortie mais impossible de faire marcher la manette.

– Laissez-moi descendre ! a-t-il crié en tapant sur la vitre.

Le train a démarré très lentement. J'ai regardé l'horloge sur le quai : l'heure du départ était passée depuis deux minutes. Rémy a traversé le wagon pour essayer d'ouvrir l'autre porte.

– C'est quoi ce délire ? Vous allez me laisser sortir !

On le regardait fixement pester en agitant la poignée de la porte :

– Pourquoi ils ont tout bloqué ? Je pourrais encore descendre du train ! Au secours, ouvrez-moi, j'ai un devoir de maths !

– Si on appelait le contrôleur ? a proposé Camille.

– Et pourquoi pas tirer la sonnette d'alarme tant que tu y es ! me suis-je écriée.

Le train a quitté la gare. Rémy a laissé tomber son sac et il a observé le paysage défiler.

– Vous êtes contentes ? a-t-il dit en se tournant vers nous.

Après un instant de silence, on a éclaté de rire tous les trois en même temps. Le fou rire a duré longtemps, au moins une minute et demie.

Après on a cherché une solution pour Rémy qui n'avait pas de billet. On ne pouvait pas en parler au contrôleur, il nous demanderait notre âge et nous ferait descendre au prochain arrêt.

Je me suis tournée vers Camille :

– Tu n'aurais pas une idée ?

– Non.

Elle a tourné la tête vers la fenêtre en remontant ses lunettes. Pas facile à résoudre comme problème ma petite Mac-Camille, hein ? Pourtant on compte sur ton intelligence, tu n'es pas première de la classe pour rien, il faut que tes gentils neurones nous servent dans la vraie vie. Alors ? Tu bugues ?

Heureusement que je suis là parfois.

Malika

Sensations à grandes vitesses

On a réfléchi autour d'un paquet de crocodiles de toutes les couleurs. La solution, c'est moi qui l'ai trouvée : Rémy se cacherait dans les toilettes quand le contrôleur viendrait. Il m'a tapé dans la main en disant « Ça marche ». Et Camille est devenue grise mais comme son ordinateur cérébral ne trouvait pas de meilleure solution, elle a acquiescé.

Elle a sorti son petit carnet pour prendre des notes sur le paysage qui défilait. Je lui ai passé la main autour du cou et j'ai dit en souriant :

– Caillou, future écrivain ! J'espère que j'aurai le rôle principal dans tes histoires !

Elle a fermé son carnet brusquement, de peur que mon œil trop curieux se penche dessus.

– J'embrasse des garçons dans tes histoires ? Je suis une fille super cool ? Tu dis du mal de Rémy, j'espère ! Il ne mérite que ça.

Rémy m'a envoyé un coup de pied en rigolant. Soudain, j'ai senti Camille se raidir.

– Le contrôleur arrive, a-t-elle bredouillé.

À l'autre bout du wagon, le contrôleur vérifiait les billets. Rémy m'a prise par la main pour m'entraîner vers les toilettes. J'ai croisé le regard inquiet de Camille. Je l'ai fixée droit dans les yeux et j'ai murmuré :

– Ne t'inquiète pas, tout va bien se passer. Si on se fait pincer, on ne se connaît pas. Tu continues le voyage comme si de rien n'était. Surtout, profite de ton jeudi à la mer. Tu nous raconteras.

– Prends ma place si tu veux, m'a-t-elle gentiment proposé.

J'ai posé une main tremblante sur son épaule. Elle avait les larmes aux yeux.

– C'est ma faute ce qu'il nous arrive, Camille.

– Ne t'excuse pas. C'est moi qui aurais dû te persuader d'abandonner ce projet quand tu m'en as parlé. On est folles, ex æquo.

Rémy m'a tirée par la main.

– Adios Camillos. Sans toi, ma vie serait bien triste, tu sais.

– Ma vie aussi, a-t-elle sangloté en se retournant vers le paysage.

On a filé à toute vitesse avec Rémy. J'avais confiance en Camille. Elle allait sécher ses larmes, mettre ses lunettes de soleil et jouer son rôle à la perfection. Elle donnerait son billet au contrôleur d'un geste assuré, dirait bonjour-merci-au revoir d'une voix posée. Et maintenant c'était à nous de jouer.

J'ai tourné le verrou. Les toilettes étaient minuscules. Au premier cahot, j'ai basculé vers Rémy. Je me suis accrochée à son bras et je lui ai dit :

– Excuse. On n'aurait pas dû te proposer de monter avec nous.

– Vous n'y êtes pour rien.

– Un peu quand même...

– C'est entièrement ma faute. J'aurais dû regarder l'heure.

Le contrôleur n'arrivait toujours pas. Pourtant il n'y avait pas beaucoup de passagers.

– Tu as reçu mes messages hier soir ? Tu aurais pu me répondre !

– Je croyais que tu aimais les surprises !

La bouche de Rémy se rapprochait de la mienne. Camille, tu vas m'en vouloir si je fais ça. Mais on n'a qu'une vie, il faut en profiter. Je voyais mon visage dans le miroir. Je me suis trouvée très jolie. Mes lèvres étaient foncées et ma peau dorée. J'ai collé ma bouche contre l'oreille de Rémy et j'ai déclaré :

– J'ai envie de t'embrasser.

– Si tu savais comme j'en ai envie moi aussi, a-t-il rétorqué.

Il allait poser sa bouche sur la mienne quand on a entendu frapper à la porte :

– Billets, s'il vous plaît ! a clamé le contrôleur.

Non, pas maintenant, je n'ai pas goûté à ce que ma meilleure copine connaît déjà : la bouche de Rémy, le plus beau mec du collège. Cinq secondes, please, monsieur le contrôleur, après ce sera trop tard. Le contrôleur a toqué une deuxième fois et là j'ai répondu d'une voix faible :

– Oui ?

– Billets s'il vous plaît.

– J'arrive.

Le train a freiné brusquement et Rémy a été propulsé contre moi. Il a profité de la situation pour m'embrasser sauvagement. Non, je ne pouvais pas faire ça à ma meilleure copine.

– Arrête Rémy, arrête.

Mais il ne s'arrêtait pas. Tant pis, le contrôleur nous verrait, Rémy aurait une amende, ce n'est pas notre faute s'il n'avait pas eu le temps de descendre du train. J'ai ouvert le verrou alors que sa bouche était encore collée à la mienne.

– Une seconde, a-t-il chuchoté.

Il a tiré la chasse d'eau et s'est caché derrière la porte. J'ai tendu mon billet au contrôleur. Mes mains tremblaient. J'étais encore toute chamboulée par ce qui venait de se passer. Le contrôleur n'a rien remarqué. Il m'a rendu mon billet après avoir fait un trou dedans. Il n'a même pas jeté un œil dans les toilettes. Un passager allait au bar, il lui a demandé son billet et ils ont filé dans la voiture suivante.

Je suis retournée à ma place, l'air de rien, et j'ai bu la moitié de ma bouteille d'eau.

– Alors ? m'a demandé Camille.

Je ne pourrais jamais lui avouer ce qui s'était passé entre Rémy et moi.

– Vite, un petit croco ! me suis-je écriée.

J'ai plongé ma main dans le paquet de bonbons posé sur la tablette. Il était vide.

– Camille, tu as tout englouti !

– Où est Rémy ? m'a-t-elle demandé en regardant tout autour.

– Avec le contrôleur, on est cuites.

– Non !

– Prends tes affaires, le train va s'arrêter pour nous faire descendre, direction le commissariat.

– Qu'est-ce qu'on va dire ?

– Rien.

– Comment ça, rien ?

Elle a ouvert des yeux aussi grands que ses lunettes. J'ai séché mes larmes et j'ai répondu :

– Tout s'est passé comme sur des roulettes. Le contrôleur n'a rien vu. Rémy assure vraiment. Et toi, ça va mieux ta fièvre et tout ?

– Mal au ventre, a-t-elle marmonné.

– Avec tous les bonbons que tu as mangés, ça ne m'étonne pas !

– C'est pas les bonbons.

Elle a regardé mes lèvres d'un air bizarre. Est-ce qu'elles étaient déformées par le baiser de Rémy ?

– Tu as quand même englouti la moitié du paquet ! me suis-je écriée. Ton mal de ventre, je sais d'où il vient.

– Oui maman, a-t-elle rétorqué sèchement en se retournant vers la vitre.

C'était la première fois que Camille m'envoyait balader si joliment. Rémy est arrivé à cet instant, très content du petit tour qu'on avait joué au contrôleur et il a lancé, l'air décontracté :

– Ça baigne, les filles ?

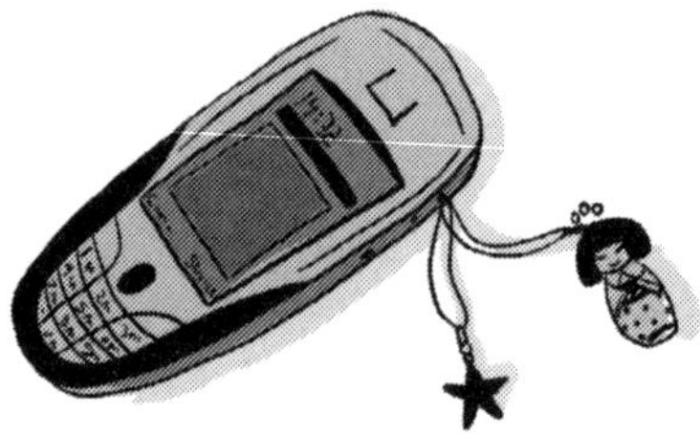

Après avoir jeté un coup d'œil sur mon portable, j'ai répondu :

– Dans vingt-deux minutes, ça baignera vraiment.

Il s'est affalé sur le siège face à nous et il nous a regardées chacune notre tour en souriant. Au moins, il y en avait un qui avait retrouvé le moral. Moi, je contemplais la vitre en essayant de comprendre pourquoi Camille me parlait sur ce ton. Est-ce qu'elle avait des doutes sur moi et Rémy ? Pourvu qu'elle ne nous laisse pas tomber. Elle serait bien capable, à peine arrivée à destination, de sauter dans le train retour pour Paris.

Rémy m'examinait sous toutes les coutures comme si j'étais à moitié nue. Camille s'est levée, elle a pris son sac et elle a dit d'un ton glacial :

– Je vais me balader.

– Je t'accompagne, ai-je répliqué. Je boirais bien un jus d'orange après toutes ces émotions.

Elle m'a regardée avec suspicion par-dessus ses lunettes. Je lui ai adressé un grand sourire innocent, même si j'avais des petites choses à me reprocher.

Rémy a compris qu'il n'était pas invité à se joindre à nous. Il nous a observées de la tête aux pieds pendant qu'on s'éloignait à la recherche du wagon-bar.

On est arrivées rapidement au bout du train.

– On retourne à nos places ? a demandé Camille sur un ton toujours glacial.

Elle me tenait la porte mais son regard soupçonneux m'a figée sur place. Incapable d'avancer, j'ai fixé le bout de mes chaussures et j'ai soufflé :

– C'est bien ce que je craignais.

J'ai sorti de ma poche de jean la page du magazine qu'elle m'avait donnée, je l'ai froissée et je l'ai jetée à la poubelle.

– On est trois, ai-je ajouté. C'est un chiffre impair, ça ne peut pas marcher. Je n'ai pas envie de me disputer avec toi, je t'aime trop. Je préfère vous laisser tranquilles tous les deux. Vas-y, n'aie pas de remords, je suis très bien toute seule.

Camille s'est immobilisée. Puis elle a souri et s'est exclamée :

– Tu plaisantes ! Tu te vois passer une journée sans parler ?

– Il faudra bien.

Par la fenêtre, je regardais défiler le paysage. Comment lui dire que je tenais à elle plus que tout ?

– Vas-y, qu'est-ce que t'attends ? ai-je demandé.

Elle a hésité une seconde, pas plus.

– Toi, a-t-elle répondu.

Je n'ai rien dit, mais les larmes me sont montées aux yeux.

– Camille, si tu savais ! ai-je sangloté.

– Ne t'inquiète pas, a-t-elle murmuré en me serrant très fort dans ses bras. Je ne t'abandonnerai jamais. S'il y a quelqu'un qui doit s'effacer, ce n'est certainement pas toi, surtout le jour où tu réalises ton rêve.

J'ai séché mes larmes d'un revers de la manche.

– Tu sais que tu peux me faire confiance, j'ai hoqueté. Je suis ta meilleure amie.

– Bien sûr.

– Tu n'as aucune crainte à avoir. Rémy et moi, nous ne…

– Je sais.

– Tu avais tellement l'air de m'en vouloir quand je suis revenue des toilettes.

– C'est parce que tu ne m'as même pas proposé d'aller aux toilettes avec Rémy.

J'ai explosé en sanglots mais cette fois c'étaient des sanglots de joie. J'ai bredouillé :

– Excuse-moi. J'ai pensé que tu n'aurais jamais osé.

Elle a repris la feuille du magazine dans la poubelle.

– Un peu froissé le rêve ! me suis-je exclamée.

– À peine.

Elle a plié la page et l'a rangée dans sa poche.

On a fait demi-tour, je lui ai pris la main et je l'ai serrée très fort. En passant devant les toilettes j'ai repensé au moment où Rémy m'avait embrassée. Si Caillou savait ça…

– Vous avez trouvé le bar ? a-t-il demandé lorsqu'on est revenues à nos places.

J'ai répondu oui en même temps que Camille répondait non. Rémy nous a regardées, étonné. On a éclaté de rire toutes les deux. Ce qui est sûr, c'est qu'avec nos histoires le voyage était presque fini ! La mer, enfin la mer ! Vite !

MALIKA

Sa face de plancton

Les portes se sont ouvertes, j'ai sauté sur le quai. J'étais si contente qu'on se soit réconciliées, Camille et moi, que je me suis exclamée :

– Un petit pas pour l'homme, un grand pas pour l'amitié !

J'ai visé la sortie, loin devant :

– Où sont les vagues ? Les falaises ? La jetée ? Les sardines ?

– On va se faire remarquer si tu continues à jouer la touriste, a soufflé Camille.

– Et alors ? Je suis à cent mètres de la mer, c'est le moment ou jamais. Le premier qui me parle de contrôles ou d'exos, je lui fais compter tous les galets de la plage.

Puis on a quitté la gare.

Le type qui attendait assis sur son scooter rouge devant la sortie était peut-être le plus louche des environs. C'est vers lui que je me suis dirigée pour demander le chemin de la plage. Les types bizarres ne m'ont jamais impressionnée.

Il a bougé sa cigarette dans tous les sens avant de la retirer de sa bouche pour nous indiquer le trajet.

– J'peux vous emmener les filles, a-t-il conclu sans regarder Rémy.

– Tu prends tes désirs pour des réalités ! me suis-je exclamée.

– Pourquoi ?

– T'as vu ta face de plancton ?

– Ma face de quoi ?

– T'es d'ici ou quoi ? Tu ne sais pas ce que c'est du plancton ?

Le type a enfin compris que je ne lui envoyais pas des fleurs. Rémy s'est mis à siffloter en regardant ailleurs.

– Et toi, t'as pas vu tes cheveux, on dirait des algues, a lancé le type.

– C'est bon, on y va, a suggéré Rémy.

Camille m'a tirée par la manche.

– Je peux finir ma discussion ? j'ai demandé.

Le mec a jeté son mégot à mes pieds et il est descendu de son scooter. J'ai souri et j'ai déclaré à mon interlocuteur :

– L'air de la mer me monte à la tête, je suis désolée. Je vous remercie pour le renseignement. Excellente journée, monsieur !

Le mec n'a rien compris à ma réaction, mes copains non plus. J'adore les effets de surprise.

On a longé le port et on s'est enfoncés dans le centre-ville piétonnier. Quand on est passés devant une boutique de souvenirs, je me suis exclamée :

– On entre ? C'est la caverne d'Ali Baba !

– Le royaume du mauvais goût tu veux dire, a murmuré Camille en tenant la porte à Rémy.

– Tu ne comprends rien à l'art maritime, a-t-il rigolé.

La dame qui tenait le magasin nettoyait une petite vitrine qui contenait des couteaux sculptés. Dès qu'elle nous a vus, elle a fermé la vitrine à clef comme si on était des voleurs et a caché la clef dans un tiroir. On a fait le tour de la boutique en commentant les articles à voix haute.

– On aurait eu du mal à te choisir un souvenir, ai-je dit à Rémy, ils sont tous plus beaux les uns que les autres.

On a essayé les boules à neige, on a cherché nos prénoms sur les bols (le mien n'y était pas évidemment) et on est partis à la recherche de l'objet le plus beau du magasin. Pas facile...

Rémy a trouvé une magnifique enclume en porcelaine. Moi j'ai craqué devant une carte postale avec un cochon rose dans la boue qui s'exclamait : « Quel temps de cochon ! » Mais la palme d'or a été décernée à l'objet de Camille : un galet avec un cœur rose dessus.

– Quinze euros ! s'est exclamé Rémy. Ça fait cher la déclaration d'amour.

– À ce prix-là, il vaut mieux ne pas tomber amoureux trop souvent, a renchéri Camille.

– Moi je trouve ça trop chou ! me suis-je écriée. Le premier qui m'offre un truc pareil, je l'épouse.

La dame soupirait bruyamment à chacun de nos commentaires et se raclait la gorge. Elle aurait pu me vendre la moitié de sa boutique si elle avait été un peu plus commerçante, mais elle a préféré jouer la policière.

– Vous n'êtes pas à l'école ? a-t-elle demandé.

– Il y a grève au collège, ai-je rétorqué. C'est combien le petit cadre avec le dauphin ? Il est magnifique !

Mon compliment ne l'a même pas attendrie. La dame a regardé en direction des coquetiers sans répondre. Rémy a ouvert un immense parapluie vert pomme et il s'est baladé dans le magasin en le faisant tourner sur son épaule.

La dame a décroché le téléphone. C'était sûr, elle allait prévenir la police. C'est alors que Rémy a fait tomber un pot de pétales séchés. Il a lâché le parapluie et on a détalé à toute vitesse.

Une fois qu'on a été bien loin de la boutique, et bien perdus aussi, on a éclaté de rire. Mais cette crise de fou rire n'a pas duré longtemps. Soudain, j'ai aperçu Face de plancton qui fonçait dans notre direction.

J'ai crié :

– Le mec au scooter rouge ! Il nous suit !

On s'est réfugiés dans une crêperie. Un jeune serveur installait les verres sur les tables. Je lui ai fait mes yeux de velours et ma moue spéciale séduction pour lui demander le chemin de la plage. Il nous a dessiné un plan sur un bout de nappe en papier.

– On viendra manger ici à midi, ai-je promis sans prendre la peine de jeter un œil sur les tarifs.

– C'est déjà les vacances ? s'est renseigné le serveur.

– Oui, on a un supplément de congés parce qu'on a cours le dimanche matin, ai-je répondu.

Rémy a levé les yeux au ciel avec un sourire et Camille a rigolé.

– Le dimanche matin ! s'est exclamé le serveur en rattrapant à temps le verre qui lui échappait des mains.

– C'est normal, j'ai répliqué. Au lycée, on ne rigole pas.

– Vous êtes dans le privé, peut-être ?

– C'est ça, dans le privé. Et d'ailleurs on est privés de pas mal de choses dans le privé. Pas de frites à la cantine, pas de moules, jamais de sortie à la plage pour étudier les vagues.

– Vous avez la vie dure.

– C'est vrai. Alors on vient se détendre à la mer.

Rémy m'a regardée avec insistance et a déclaré :

– Bon, on y va Malika ?

Et il m'a poussée devant lui en direction de la sortie.

– Il est jaloux ? ai-je demandé à Camille.

– Pourquoi ?

– Il refuse que je discute avec des mecs, qu'est-ce qui lui prend ? On n'est pas mariés ! Il me plaisait bien le petit gars du restau, pas toi ?

Camille a levé les yeux au ciel. Ben quoi, qu'est-ce que j'ai dit ?

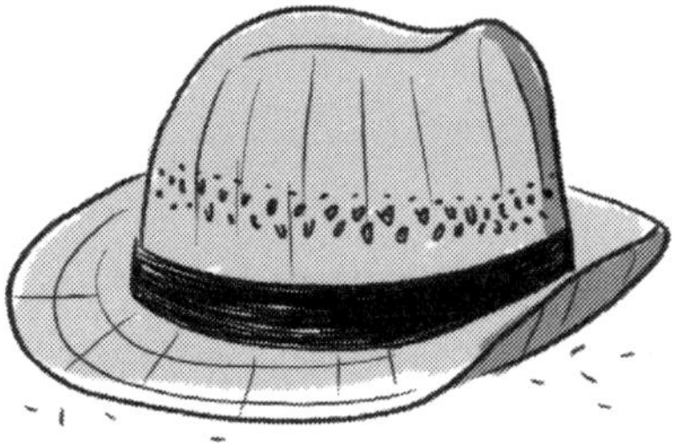

On est enfin arrivés au bord de la mer. Un rayon de soleil essayait de se frayer un passage à travers les gros nuages menaçants. Un peu de soleil pour notre virée, c'était le top, la cerise sur le gâteau, la rondelle de citron sur le plateau de fruits de mer ! Mon rêve se réalisait. J'étais la fille la plus heureuse de la terre.

Malika

Que du bonheur

Je ne parlais plus et je ne bougeais plus depuis deux minutes. J'observais l'horizon, la mer aux couleurs indéfinissables, entre le gris, le vert et le bleu. Camille avait l'air captivée par le chien qui courait sur la plage pour rapporter le bâton à son maître. Rémy jetait des coups d'œil discrets vers moi. Pour une fois qu'il pouvait le faire sans que je lui assène : « Tu veux ma photo ? » ou alors : « Tu fais ton timide ? Tu veux m'embrasser, c'est ça ? »

J'ai sorti mon téléphone portable et j'ai pris la mer en photo.

– Onze heures et quart ! me suis-je exclamée. Ils sont en cours de maths !

– Tu penses à eux ! s'est étonnée Camille.

– Rien de meilleur que de regarder la mer en les imaginant faire des fractions. Et toi, tu penses à quoi ?

– Au cours de maths aussi, à l'interro d'anglais qu'on a ratée, aux copains de la classe qui doivent se demander pourquoi on est malades toutes les deux le même jour, à mes parents qui tomberont dans les pommes en apprenant que je sèche pour aller à la mer alors qu'ils me font une entière confiance.

– Tu gâches les meilleurs moments de ta vie avec des idées noires, Camille ! Moi quand je ne fais rien et que je pense à ceux qui travaillent, je suis encore plus heureuse. Bon je vous laisse, j'ai ajouté, je vais faire un petit tour.

Je me suis éloignée pour laisser Camille et Rémy seuls. C'était Camille qui était amoureuse de lui après tout. J'avais à peine parcouru quelques mètres que j'ai entendu Rémy s'écrier :

– À l'eau, Camille !

Il s'est jeté sur elle et il l'a tirée par le bras. Elle s'est laissé entraîner et a glissé sur les galets mouillés. Elle a hurlé. Elle a évité la vague qui arrivait mais ses lunettes sont tombées. La vague les a recouvertes. Ma copine s'est précipitée pour les rattraper.

– N'y va pas Camille, c'est dangereux ! ai-je hurlé en voyant la vague suivante arriver.

– Il faut que je récupère mes lunettes !

– Camille, reviens ! Tu vas te noyer !

Je me suis précipitée vers elle et je l'ai tirée en arrière. On est tombées toutes les deux.

– Je peux les attraper ! s'est-elle écriée. Lâche-moi !

– Jamais de la vie !

J'imaginais le pire : Camille, engloutie par les vagues et emportée par le courant. Rémy et moi, figés de stupeur et impuissants. Une journée de rêve qui tournait au cauchemar. Et le retour quand il faudrait annoncer la catastrophe à ses parents. Nos vies détruites. Je l'ai plaquée sur le sol pour l'empêcher d'aller plus loin. Elle s'est débattue mais je la tenais de toutes mes forces.

– Arrête, tu me fais mal ! a-t-elle maugréé.

Rémy s'est avancé vers la mer déchaînée.

– Fais gaffe ! ai-je crié de toutes mes forces.

Il a mis les pieds dans l'eau et a ramassé tranquillement les lunettes de Camillette.

On est allées s'asseoir sur les galets un peu plus haut, essoufflées, hagardes. Rémy avait les baskets et le bas du jean mouillés.

– Vos lunettes, ma chère, a-t-il annoncé en les présentant dans sa main tendue comme si c'était un plateau d'argent.

– Tu me sauves la vie, a rétorqué Camille.

– C'est plutôt moi qui t'ai sauvé la vie ! ai-je rectifié.

– Mais qu'est-ce qui t'a pris ? s'est indignée Camille. Elles étaient au bord de l'eau, je n'avais qu'à me baisser pour les ramasser.

– C'est vrai, a ajouté Rémy. Il n'y avait aucun danger.

Ils se liguaient contre moi alors que je leur avais évité le pire !

– Vous savez que les accidents mortels surviennent la plupart du temps dans des circonstances stupides, par exemple quand un marin fait pipi d'un bateau et tombe à l'eau ? Je l'ai lu dans un journal.

Ils se sont regardés, l'air de dire : « On ne va pas polémiquer, elle aura toujours raison mais on n'en pense pas moins et on se comprend bien ».

Rémy a enlevé ses baskets et a essoré ses chaussettes.

J'ai photographié la mer avec le chalutier au loin et j'ai déclaré sur un ton enjoué :

– Après l'extase des pupilles, l'extase des papilles ! J'ai faim.

– Il n'est pas encore onze heures et demie ! s'est exclamée Camille.

– Avec l'air de la mer, tout est permis !

– Moi aussi j'ai la dalle, a dit Rémy en remettant ses chaussettes et ses baskets.

Camille ne nous a pas contredits plus longtemps. On est partis à la recherche d'un petit restaurant. En passant devant un collège, Rémy a demandé :

– Et si on s'incrustait à la cantine ? Vous croyez que c'est le même menu partout ?

– On n'est pas venus ici pour manger dans un collège ! me suis-je exclamée.

La cour était déserte et on voyait les élèves en classe par les fenêtres. Rémy a lancé un petit caillou sur la vitre. Quelques élèves ont tourné la tête dans notre direction. Mais le prof nous a remarqués et on s'est cachés derrière une voiture. On allait partir tranquillement quand la porte du collège s'est ouverte. Une femme a crié :

– Qu'est-ce que vous faites là ? Vous n'êtes pas en cours ? Vous voulez deux heures de colle ?

Lorsqu'elle s'est approchée, on a filé dans le sens opposé.

On a fini par trouver un petit restaurant près de la mer qui proposait des moules et des frites. Le bonheur intégral !

MALIKA

Restau-baskets

– On s'installe près de la sortie, nous a soufflé Rémy en entrant dans le restau.

– Pourquoi ? a demandé Camille. On sera mieux près des fenêtres, on verra la mer.

Il nous a fait un clin d'œil. On n'a pas compris pourquoi, mais on s'est assis à la table la plus proche de la porte. On a consulté la carte et on a commandé la moins chère des moules-frites.

Le serveur s'est approché en souriant. Il devait peser cent trente kilos et il était essoufflé d'avoir fait trois pas.

– Pas d'école aujourd'hui les jeunes ? a-t-il demandé.

– Jamais le jeudi après-midi, ai-je rétorqué, on a du pot avec notre emploi du temps.

– On mange quoi ?

– Une moules-frites à dix euros.

Au moment où il se détournait pour regagner sa cuisine, Rémy s'est penché sur nous pour nous demander à voix basse :

– Vous connaissez le restau-baskets ?

– Non, c'est quoi ? a répondu Camille l'air très intéressée.
– On y mange des chaussures ? ai-je lancé tout haut.
– Pas du tout. On y mange de tout…

Le serveur a apporté la corbeille de pain, on s'est jetés dessus et il est reparti.

– On y mange de tout, de l'entrée au dessert, et, à la fin, comme on n'a pas d'argent et qu'on ne reviendra jamais, on part en courant chacun dans une direction. Personne ne peut nous rattraper.

– D'où le nom restau-baskets, a conclu Camille comme si elle venait de comprendre la leçon de maths la plus difficile de l'année.

– Et le pauvre serveur qui nous a préparé à manger ! me suis-je indignée.

– Ce n'est pas pour une petite moules-frites que son restau va faire faillite.

– Bien sûr que non, a renchéri Camille.

– Tu te rends compte du prix, ça devrait être gratuit pour les moins de dix-huit ans ! s'est exclamé Rémy. Ce n'est pas avec notre argent de poche qu'on peut se payer ça. Et puis il nous restera de quoi acheter une crêpe après…

– Ce n'est pas bête, a soufflé Camille.

Le serveur est revenu vers nous et il a dit :

– Vous n'allez pas manger une seule assiette à trois !

– On n'a pas assez d'argent, ai-je déclaré.

Rémy m'a fait du pied sous la table. Oui, d'accord. On s'en fichait si on prenait l'option du restau-baskets mais moi ça me gênait.

– Je vous prépare trois assiettes, vous me donnerez ce que vous pourrez. Vous êtes sympathiques, je ne vais pas vous laisser mourir de faim.

– Ce n'est pas la peine monsieur, on n'a pas très faim, ai-je insisté.

– Ça se voit d'ailleurs, a pouffé Camille en désignant la corbeille de pain déjà vide.

C'est vrai qu'on n'était pas crédibles, mais elle aurait pu me soutenir. Restau-baskets, c'est bien du vol, non ? Elle était prête à faire n'importe quoi par amour pour Rémy.

– Il faut manger à votre âge. Et puis moi ça m'embête de faire chauffer la friteuse pour un seul plat.

– Bon d'accord, a lancé Camille.

Il est retourné à ses fourneaux.

– Alors vous le sentez ? a insisté Rémy.

On sentait surtout l'odeur des frites croustillantes, mais je n'avais plus très faim tout à coup. Camille planait, je ne la reconnaissais plus. J'attendais l'arrivée des assiettes pour qu'elle atterrisse et bredouille : « Mais Rémy, on ne peut pas faire un truc pareil ».

– Il ne doit pas courir vite avec son ventre, a chuchoté Rémy pour me rassurer.

Le serveur s'est approché avec une troisième corbeille de pain. On l'a vidée et il a apporté les assiettes de moules-frites. Camille s'est jetée dessus. Et puis tant pis, le serveur avait insisté, c'était sa faute si on n'avait pas assez pour payer l'addition. J'ai dévoré mon assiette comme les autres. J'aurais même demandé du rab de frites si Rémy n'avait pas murmuré, au moment où le serveur avait le dos tourné :

– Ça marche pour ce restau-baskets ?

– Courir maintenant ! ai-je protesté en posant les mains sur mon ventre bien rempli.

– On ne peut pas lui faire ça, a renchéri Camille. Il nous a servi trois parts au lieu d'une !

Ah enfin, elle commençait à comprendre !

– Vous êtes des petites joueuses, a déclaré Rémy. On s'en fiche, on est en vacances, c'est notre journée, on fait ce qu'on veut.

Camille a essayé de trouver une solution :

– On donne ce qu'on a et tant pis pour la crêpe.

– En tout cas, moi, je profite que nous soyons ici pour aller aux toilettes, ai-je déclaré.

Je suis descendue par le petit escalier qui grinçait. Rémy n'a pas attendu longtemps avant de me rejoindre. Il m'a regardée comme s'il attendait quelque chose de moi. Je lui ai glissé à l'oreille la petite idée qui me trottait dans la tête.

Quand on est remontés, Camille s'essuyait les mains avec la lingette au citron. Rémy s'est penché vers elle et a dit :

– Tu es prête ?

Elle m'a jeté un coup d'œil pour savoir si j'étais d'accord. J'ai souri de toutes mes dents.

– On le fait quand même ? a-t-elle demandé.

– Oui, ai-je répondu.

Elle a serré sa parka contre elle et elle s'est écartée de la table discrètement.

– Malika ? m'a demandé Rémy.

– Quand tu veux, ai-je rétorqué.

Rémy a commencé à compter :

– Un.

Camille est devenue blanche comme un cachet d'aspirine. Je sentais qu'elle allait renoncer.

– Deux.

Ses jambes ont tremblé comme des feuilles en faisant bouger la table. Son regard était fixé sur la sortie. Si elle ne voulait pas décevoir Rémy, il fallait qu'elle joue le jeu. J'étais sûre qu'elle n'oserait pas. Je la connais ma copine, elle n'ose même pas demander l'heure à quelqu'un dans la rue !

– Trois !

Elle a détalé vers la porte, sa parka à la main.

– Camille ! me suis-je écriée.

Je n'aurais jamais imaginé qu'elle le ferait !

Elle était déjà dehors quand elle a tourné la tête vers nous. Nous étions encore assis tranquillement. On lui a adressé un coucou de la main. Je n'osais même pas rire tellement je me sentais mal à l'aise.

Elle a examiné la rue dans les deux sens pendant de longues secondes d'un air embêté. Puis elle nous a rejoints.

– Tu partais sans payer ! s'est exclamé Rémy.

Elle a rétorqué :

– Je ne comprends pas, j'ai cru reconnaître quelqu'un dehors mais quand je suis arrivée il n'y avait plus personne.

Elle a repris sa place, l'air décontractée, et elle a grignoté les dernières miettes de pain dans la panière.

– Tu as vraiment vu quelqu'un ? ai-je soufflé, stupéfaite.

– Pas du tout. Qu'est-ce que tu as, tu es toute blanche ?

– Bravo, moi je n'aurais jamais osé le faire, a déclaré Rémy en applaudissant.

– Moi non plus, ai-je ajouté.

– On recommence quand vous voulez, a-t-elle conclu.

On a donné toutes les pièces qu'on avait à notre gentil serveur. Je regardais Rémy qui cherchait des pièces au fond de ses poches et une sensation étrange s'est produite en moi. Je comprenais pourquoi toutes les filles du collège étaient amoureuses de lui. Il était tout simplement beau. Je n'avais qu'une envie, l'embrasser devant la mer. Un baiser langoureux comme sur la pub du magazine et puis stop.

Malika

Big bisous à la playa

On est allés s'asseoir sur la plage pour regarder le blanc des mouettes, le gris des galets et le bleu de la mer.

Rémy marchait en équilibre sur le muret du côté de la route.

Camille m'a lancé :

– Vas-y.

– Vas-y quoi ? ai-je interrogé.

– Sors avec lui. Ne te gêne pas pour moi.

Je suis restée incapable de prononcer un mot suite à cette proposition. Elle a ajouté très naturellement :

– Il en meurt d'envie, toi aussi ! Ne t'inquiète pas pour moi, je m'en remettrai.

Je ne la reconnaissais plus. Camille, d'habitude si réservée et si angoissée, me proposait de sortir avec Rémy dont elle était amoureuse depuis le début de la sixième ? Elle a ouvert son sac et a sorti son nouveau journal intime.

– Camille, tu es malade ?

– Moi ? Je suis en pleine forme, au contraire. L'air de la mer me fait un bien fou !

Rémy est venu s'asseoir à côté de moi. Je me suis tournée vers lui. Il m'a souri. Je me suis approchée mais je n'ai pas réussi à poser ma bouche sur la sienne devant Camille.

Je me suis allongée et je crois que j'ai fermé les yeux. Une chaleur douce s'est posée sur mes lèvres. Rémy m'embrassait ! La terre s'est arrêtée de tourner. Le vent nous a soulevés très loin. J'avais l'impression de flotter sur les vagues. Les mouettes criaient : « Rémy, Malika ! » Le vent nous a déposés sur la mer. On a coulé en s'embrassant. Mon cœur s'est arrêté de battre.

Je me suis réveillée en sursaut à ce moment-là et mon cœur s'est mis à palpiter à toute vitesse. À côté de moi, Camille mordillait son stylo. Rémy n'était plus là.

– Il est où Rémy ? ai-je demandé.

– Au port !

– Au port ?

– Oui, pour voir les bateaux ! Il vient de nous le dire. Tu dormais ?

– Peut-être. Il ne s'est rien passé alors ? Je dors depuis combien de temps ?

– Ouh ! Depuis au moins trois pages.

Mon cœur a repris un rythme normal. Heureusement, j'avais rêvé, je n'avais pas embrassé réellement Rémy sous le nez de Camille.

J'ai eu envie de la serrer dans mes bras pour la remercier de m'avoir suivie ici.

– Tu ne regrettes pas d'être venue ? ai-je demandé.

– Absolument pas. Ça me fait des choses à raconter dans mon journal. Il me faut de l'aventure. Ça change des journées devoirs-dîner-dodo.

– Tu ne parles pas de notre sortie j'espère ?

– Pourquoi ?

– Si quelqu'un trouve ton journal ?

– Il y a un cadenas.

– Mais si tu laisses traîner la clef ? Tu la caches où d'habitude ?

– Ne t'inquiète pas. Qui peut s'intéresser à notre histoire ? Personne.

– La terre entière, tu veux dire ! Tes parents, ton frère ! Si quelqu'un trouve ton carnet il fera le tour du collège en trois heures ! Il passera entre les mains de tous les profs, de tous les élèves.

– Ça voudra dire que notre vie est palpitante. Plutôt rassurant, non ?

Et elle s'est replongée dans son journal.

C'est alors qu'une voix a retenti derrière nous :

– Salut les filles !

Ce n'était pas celle de Rémy. C'était le mec au scooter qu'on avait croisé en sortant de la gare. On n'a pas répondu. Dire que Rémy n'était même pas là au moment où on avait besoin de lui ! Et il n'y avait personne pour nous venir en aide, juste un peu plus loin un mec en combinaison avec sa planche de surf sous le bras.

– On fait bronzette ? a-t-il demandé en se rapprochant de nous.

Il a allumé une cigarette et nous en a proposé une. On a refusé poliment pour ne pas l'énerver. Vite Rémy, reviens.

Il s'est assis à un mètre de nous. Il tripotait quelque chose dans la poche de son blouson.

– Tu veux savoir ce que j'ai dans ma poche ? a-t-il interrogé en voyant que Camille le fixait avec inquiétude.

Elle s'est levée. J'ai fait pareil.

– Alors, les filles ? On n'est pas bien avec moi ? Vous allez chercher votre petit copain pour vous défendre ? Faut pas s'inquiéter, je viens juste discuter. Ce n'est pas parce que j'ai une arme sur moi que je vais m'en servir.

Il a sorti la lame d'un couteau de la poche de son blouson. Cette fois on était fichues. Même Rémy ne pourrait rien faire contre ce fou furieux.

Tout à coup, il s'est levé et il a détalé.

– La prochaine fois, ce sera votre fête, a-t-il soufflé.

Je me suis retournée. Une voiture de police faisait sa ronde sur la route de la plage. Puis Rémy est apparu à l'autre bout. On a poussé un énorme soupir de soulagement.

– Qu'est-ce que vous avez, vous êtes toutes vertes ? a-t-il demandé.

– Un mec nous a abordées, a répondu Camille d'une voix encore chevrotante.

– Abordées ! Menacées, oui ! me suis-je écriée. Il ne faut pas qu'on traîne ici. En plus, la police est dans les parages.

On est retournés à la gare sans prendre le temps de s'arrêter à la crêperie pour dire au revoir à mon copain. On n'avait pas intérêt à rater le train si on voulait arriver chez nous à l'heure.

MALIKA

Rentrer maison

On s'est dirigés vers le chef de gare pour lui demander à quelle heure partait le prochain train pour la gare Saint-Lazare.

Il a secoué la tête en plissant les lèvres, l'air désolé, et il a annoncé :

– Pas de train avant seize heures.

– Impossible ! me suis-je écriée. Il faut qu'on soit à seize heures à Paris.

– Le train de seize heures est annulé.

– Comment ça, annulé ? Le conducteur fait la sieste ?

– C'est la grève, vous n'avez pas lu les journaux ?

J'ai failli m'écrouler dans ses bras. Le pire cauchemar se réalisait. On allait arriver très en retard chez nous. Mes parents ne me croiraient pas quand je leur dirais que j'avais travaillé avec Camille au CDI. Ils chercheraient par tous les moyens à découvrir la vérité.

– Il y a bien un autre conducteur dans cette ville, ai-je lancé. Je suis sûre que moi toute seule je pourrais conduire ce train. Il n'y a qu'à appuyer sur des boutons.

Camille m'a prise par le bras.

– Seize heures, ça va encore. On dira qu'on a eu une heure sup d'anglais.

– Laquelle de vous deux a eu la super mauvaise idée de partir à la mer, déjà ? a interrogé Rémy.

Je l'ai fusillé avec mon regard spécial noir. Passé la mauvaise surprise du départ forcé, il avait plutôt l'air content de la sortie. Ce n'est pas au premier contretemps qu'il fallait m'accuser.

On a attendu sur un banc du quai B pour être sûrs de ne pas louper le train. Un quart d'heure plus tard, ne tenant plus en place, j'ai demandé au chef de gare qui passait par là :

– Monsieur, il n'y a vraiment pas de train avant seize heures, vous en êtes certain ?

– Non seulement il n'y a pas de train avant, mais celui de seize heures vient d'être annulé.

– Annulé !

– Il n'y en aura pas d'ici trois jours. Une semaine peut-être.

– On ne peut pas rester là une semaine, il faut qu'on rentre !

– Il n'y a pas un service de cars ? a demandé Camille qui essayait de trouver une solution sans paniquer.

Tout à coup, Rémy s'est figé et il a fixé le quai A comme s'il avait vu une baleine échouée.

– Le plancton ! a-t-il crié. Il prend l'escalier souterrain !

Il avait une batte de base-ball à la main et il était suivi de toute sa bande. Il allait nous massacrer !

J'ai serré Camille dans mes bras en lui disant :

– Pardonne-moi ! Pour tout le mal que j'ai pu te faire. Et pour tout ce que j'aurais pu te faire si on avait vécu plus longtemps.

Elle m'a prise dans ses bras, a dit d'une voix douce :

– Ne t'inquiète pas, tout va s'arranger. Au moins, j'aurai des choses à raconter dans mon journal.

Camomille ne se rendait pas compte que son journal n'avait plus d'importance puisque notre espérance de vie s'était réduite à quelques secondes.

Je me suis tournée vers Rémy, notre dernier espoir. Il m'a paru soudain très pâle, maigre et tremblant.

C'est bien ce que je pensais : on n'avait aucune chance de s'en sortir vivants.

Au moment où le plancton levait sa batte pour nous donner une dérouillée, j'ai éclaté de rire et j'ai jeté mon stylo qui sent bon la framboise sur mon journal à paillettes.

Je ne vais quand même pas nous faire mourir si jeunes ! me suis-je dit. Tout ça pour une petite sortie à la mer !

Mais comment faire pour nous sortir de cette situation ?

J'ai levé la tête, les volets de ma chambre étaient encore ouverts et j'ai eu soudain peur que Face de plancton surgisse avec sa batte. J'ai posé mon journal sur ma couette, j'ai tiré les rideaux et je suis allée boire un verre d'eau dans la cuisine.

Farid m'a interpellée :

– Tu rates quelque chose !

– Toi aussi, ai-je répliqué en pensant à l'histoire complètement démente que moi, Malika, je venais d'écrire.

Il s'est levé. J'ai couru à ma chambre et je me suis jetée sur mon lit pour refermer mon journal. Je l'ai caché entre le matelas et le sommier. Il valait mieux que personne ne lise cette histoire. Surtout pas Farid, ni Camille. Si un jour je la publie, ce sera quand je serai très vieille, pas avant. Ou alors il faut que je change les prénoms pour que Camille ne puisse pas reconnaître les personnages.

J'ai serré mon oreiller dans mes bras et je me suis endormie paisiblement en essayant d'imaginer ce qui pouvait arriver au plancton : une crampe horrible, il était obligé d'aller à l'hôpital ? Un coup de foudre pour moi qui le fixe droit dans les yeux ? La batte lui échappe des mains, rebondit sur un panneau d'affichage, lui revient en boomerang dans la figure et l'assomme ? Et pour le train, il fallait que je trouve une solution aussi. On avait droit à une fin heureuse, non ?

CAMILLE

En flagrant délit de maquillage

Inutile de partir trop en avance si c'était pour attendre Malika sous la pluie à l'arrêt de bus. J'ai fermé la porte de la salle de bains et débouché mon tube de gloss rose brillant. J'en étais à la première moitié de la lèvre supérieure quand la porte s'est ouverte brusquement. C'était mon père avec la cravate verte que maman lui a offerte pour ses quarante ans et qu'il porte lorsqu'il a des réunions. J'ai juste eu le temps de glisser le tube dans le verre à brosses à dents pour ne pas être prise en flagrant délit de maquillage.

– Caillou, je t'accompagne au collège ? a-t-il proposé.

– Non, surtout pas… euh… on a…

Ma mère est venue à ma rescousse. De la cuisine, elle a lancé :

– Camille préfère aller au collège avec sa copine.

Mon père a insisté :

– Je vous emmène toutes les deux. Malika passe à quelle heure ?

– Euh…

– Ta fille a grandi, a rigolé maman, elle n'est plus en primaire !

– Ah d'accord, a dit papa d'un air confus. Mais si tu changes d'avis, Camille, je pars dans dix minutes.

En le regardant fixement, je lui ai envoyé un message qu'il a décodé très vite, même si son travail c'est de décrypter les messages des ordinateurs : « Je ne changerai pas d'avis. »

– À son âge, j'étais pareille, a ajouté maman. Quand ma mère m'accompagnait, je lui demandais de me laisser à deux rues du collège.

Elle était fière de capter des choses avant tout le monde sur mon adolescence. Je ne lui ai pas demandé si elle était partie en train passer une journée à la mer avec une copine quand elle avait douze ans.

– Prends un parapluie quand même, a dit mon père. Et essuie-toi la bouche, tu as encore du dentifrice à la fraise sur la lèvre.

Il a refermé la porte. J'ai extirpé mon tube de gloss du verre à dents et j'en ai appliqué sur la lèvre inférieure. J'ai consulté ma montre. Cette fois, il était temps d'y aller.

Les horaires du bus ne m'intéressent pas vraiment mais je n'aime pas attendre sans rien faire alors je les lisais pour passer le temps.

– Tu les apprends par cœur ? On a interro ?

J'ai sursauté.

– Sympa ton maquillage, a ajouté Malika. Tu devrais en mettre plus souvent. Tu es plus féminine, moins...

– Moins quoi ?

– Moins petite fille. Plus femme.

La façon dont Malika avait prononcé le mot « femme » m'a fait frémir. Devenir femme ? C'était beaucoup trop pour moi d'un coup.

Je me suis examinée dans le reflet du panneau publicitaire de l'abribus. Mes lèvres étaient bien trop « femme » par rapport au reste.

D'un revers de la main, j'ai essuyé ma bouche pour estomper l'effet femme fatale sous la pluie.

Soudain, un 216 est arrivé.

– Laisse, on y va à pied, a lancé Malika tandis que je m'approchais du bus. Il ne pleut presque plus.

– À pied ?

Je m'apprêtais à protester : la gare était loin, on pouvait se prendre une giboulée sur le chemin, on marcherait bien assez à la mer, quand le bus a démarré.

Derrière le carreau embué, j'ai vu Rémy. Rémy m'a vue.

Nos regards se sont accrochés l'un à l'autre et sont restés collés longtemps. Le col de son blouson était relevé. Les gouttes de pluie faisaient comme des larmes sur ses joues.

J'ai lu dans ses yeux : « Camille, je t'aime toujours ! »

J'étais clouée sur place et mon cœur palpitait comme si j'avais couru un cent mètres.

Et là, j'ai compris : Rémy allait à la gare, bien sûr ! Il venait avec nous à la mer. Malika avait réussi à le convaincre. Elle ne me l'avait pas dit pour me faire une surprise !

La publicité collée à l'arrière montrait une plage paradisiaque avec pour slogan : « À Noël, prenez un bain de soleil ! » J'ai fait un pas sur le côté pour échapper à la fumée qui sortait du pot d'échappement. À tout de suite Rémy. Pour notre plus belle journée de l'année.

Camille

Rémy es-tu là ?

En me retournant vers Malika pour lui dire que j'avais aperçu Rémy, je me suis cogné le front contre le poteau de l'arrêt de bus. J'étais complètement sonnée. Pourtant ce que je voyais n'était pas une hallucination : Malika, son livre d'anglais à l'abri sous sa veste, révisait ses verbes irréguliers.

– To write, wrote, written, écrire, a-t-elle récité. Tu as un moyen mnémotechnique pour celui-là ? À propos d'écrire, j'ai commencé un journal intime moi aussi. C'est génial ! En fait, ce n'est pas difficile, écrivain, ce serait un métier idéal pour moi qui ai beaucoup d'imagination.

J'ai frotté mon front et j'ai demandé :

– Mais tu révises ton anglais ?

Malika a poursuivi sans me répondre :

– J'ai écrit qu'on partait passer un jeudi à la mer avec Rémy. Bon à la fin j'ai imaginé le pire : on ne pouvait rentrer à l'heure à cause d'une grève. Je cherche une idée pour arranger tout ça.

Une grosse goutte est tombée du toit de l'arrêt de bus sur son livre. Elle l'a essuyée avec la manche de son pull en râlant.

– Malika, tu révises ? ai-je répété à voix basse.

– On a le test aujourd'hui ! Tu avais oublié ? Je ne tiens pas à me payer un moins dix.

Je l'ai regardée droit dans les yeux.

– On ne va plus à la mer ?

Elle m'a regardée droit dans la bosse que j'avais au front et m'a dit le plus sérieusement du monde :

– Tu n'as jamais pensé qu'on irait quand même, Camille !

Et elle a éclaté de rire. Elle riait tellement que son livre est tombé dans une flaque d'eau. En l'essuyant avec le bas de son pull, elle s'est exclamée :

– Camille, quand même ! Non !

– Pourquoi non ?

– Tu imagines ce qui pourrait nous arriver ! Je suis cinglée mais il y a des limites ! Et si nos parents apprenaient qu'on a séché une journée ? On aurait interdiction de se revoir, je serais obligée de changer de collège. Sans compter qu'on aurait pu avoir de graves ennuis là-bas.

– Tu n'as jamais eu l'intention d'y aller ? ai-je balbutié.

– Je ne sais plus. J'ai la mémoire d'une goutte d'eau en ce moment… Aucune information ne pénètre dans mon cerveau. J'aurais dû me faire une antisèche pour les verbes. Tu les as en tête ? Tu voudras bien être mon antisèche ?

On a pris le chemin du collège. Une fois sur l'autre trottoir, elle a retrouvé son sérieux.

– Tu crois à l'écriture magique ?

– Comment ça ?

– L'écriture te dicte ce que tu dois faire ou ne pas faire. Comme si quelqu'un qui tient à toi venait te conseiller en guidant ta plume.

Je n'arrivais pas à y croire : Malika avait changé d'avis à cause d'une histoire qu'elle avait écrite et qui finissait mal !

– Tu ne m'en veux pas ? m'a-t-elle demandé. De toute façon, tu n'avais pas envie d'y aller. C'est mieux comme ça.

– Oui, c'est mieux comme ça.

N'empêche, j'avais paniqué plusieurs jours et j'avais sacrifié mes révisions d'anglais pour rien. Est-ce qu'elle s'en rendait compte ?

Il restait un point à éclaircir : Rémy dans le 216 qui menait à la gare.

– Rémy était dans le 216.

– Rémy ? Il prend le bus maintenant ?

– Pour aller à la gare.

– Impossible. Je ne lui ai pas proposé de venir.

– Mais tu lui as parlé de notre projet. Il m'a regardée longtemps quand le bus est passé.

– Ne t'emballe pas. Il ne t'a pas écrasé un bisou sur le carreau ?

– Je ne crois pas.

– Il n'a pas sorti une pancarte avec écrit « Love Camille » ?

– Non plus.

– Alors du calme. Rémy a pris le bus, OK. Il a regardé par la vitre, OK. Il nous a aperçues, peut-être. Mais il prend le bus pour aller au collège, pas pour nous rejoindre à la gare ! Et s'il avait vraiment voulu te voir et recoller les morceaux, il aurait bousculé tout le monde pour sortir, il aurait supplié le chauffeur de piler au milieu du carrefour, d'ouvrir ses portes en pleine rue et il t'aurait rattrapée en piquant le sprint de sa vie.

– Pas forcément.

– Un conseil : oublie Rémy.
– Pourquoi tu dis ça ?
– Concentre-toi sur l'interro d'anglais, c'est le plus important pour l'instant. Je compte sur toi si j'ai un trou et je sens que je vais en avoir plusieurs.

J'étais sur mon petit nuage en pensant à Rémy et les verbes d'anglais n'avaient plus aucune importance. J'entendais à peine les paroles de Malika. Je revoyais le regard de Rémy dans le bus. Mon mirage a pris fin quand j'ai heurté une poubelle.
– Caillou ? Oh oh ? Allô la terre ? Atterris. Dans une heure on a interro. On va se scratcher si tu ne réagis pas.
Malika m'a mis son livre dans les mains. J'ai relu pour lui faire plaisir.
Être, to be… Je le connaissais pourtant celui-là.

CAMILLE

Retour à la case collège

Quand la porte du collège s'est ouverte, je me suis engouffrée dans le hall et j'ai essayé de rattraper Rémy que je venais d'apercevoir.

Malika était toujours plongée dans son livre d'anglais. Rien n'aurait pu la perturber. Dans ma précipitation, j'ai bousculé Antoine qui, le sourire aux lèvres, m'a demandé :

– Vous n'êtes pas malades finalement ?

Il a appuyé lourdement sur le mot malades.

– On va mieux, ai-je répondu.

Malika était toujours derrière moi. Je sentais son livre dans mon dos et je l'entendais marmonner ses verbes. J'avais hâte d'arriver dans la cour pour retrouver Rémy mais Antoine n'avait pas l'intention de nous laisser passer.

– Je vous ai préparé un mot d'absence, a-t-il murmuré. J'ai bossé la signature pendant une heure hier soir.

Ma parole, il se croyait dans un film historique sur la Résistance.

Il m'a coincée dans le couloir qui mène au bureau du principal.

– Pas besoin finalement, on ne voulait pas louper l'interro d'anglais. C'est important les verbes.

– Si vous prévoyez à nouveau d'être malades, surtout n'hésitez pas à me prévenir, je maîtrise maintenant. Je vous fais un mot d'excuse en moins de deux.

– Pour aujourd'hui ça ira, merci Antoine.

Il avait réussi à me coller contre la porte du principal. Soudain, elle s'est ouverte et j'ai failli perdre l'équilibre.

– Vous aviez rendez-vous ? a demandé Longvert.

– Rendez-vous ? Non, pas du tout, ai-je répondu.

Il s'est penché sur son calepin et a dit :

– J'ai une possibilité à la récréation cet après-midi. Mais je vous préviens, si c'est pour me parler des menus de la cantine, ce n'est pas la peine.

– Non non.

– Je vais donc prendre vos noms.

On a filé rejoindre Malika dans la cour pendant qu'il cherchait son calepin et un stylo.

Avant de rentrer en anglais, Malika a refermé son livre.

– Ce n'est pas possible, il faut annuler le test. Je suis une véritable passoire. Et toi, je ne te sens pas, tu as l'air complètement ailleurs.

Dès que Littlebit est arrivé, Malika lui a sauté dessus et lui a fait un véritable sketch, le suppliant de reporter l'interro.

– Je vais être obligée de tricher, de copier sur ma voisine, d'avoir mal au ventre pour aller à l'infirmerie…

Il la regardait se démener, l'air amusé.

– Vous devriez faire du théâtre, vous avez un vrai talent de comédienne.

– Je suis très sérieuse, monsieur.

– Je vous le propose depuis le début de l'année, venez au club théâtre du collège !

– Par pitié, reportez l'interro.

Devant les mains jointes de Malika et son regard suppliant, Littlebit a fini par accepter mais, à la fin du cours, il l'a retenue pour lui parler de son club et il a essayé de l'embobiner pour qu'elle vienne voir une répétition.

Malika est sortie enthousiaste de l'entrevue :

– Je lui ai parlé de mon rêve de passer à la télé… Il m'a dit qu'il me voyait bien jouer la comédie. C'est vrai, je ne sais pas quoi faire comme métier plus tard.

– Tu n'avais pas dit écrivain ?

– Ah non, je suis nulle pour trouver les fins. Infirmière, pourquoi pas. J'aime bien aider les gens. Mais je déteste le sang. Danseuse étoile, mais ça fait mal aux pieds. Actrice, ça m'irait bien. On commence à midi, après la cantine.

J'ai réagi :

– Pourquoi « on » ?

– Tu ne me laisserais pas tomber alors que je vais faire mes premiers pas sur les planches ? Tu pourras raconter mes débuts dans un livre plus tard. Ça s'appellera *Autobiographie d'une actrice*. Tu prends des notes sur tes premières impressions, tu inscris dans ta mémoire fabuleuse les événements marquants et les détails touchants.

Tu tiens toujours ton journal intime ? Eh bien tu fais pareil sauf que tu t'appelles Malika. Tu écris, je signe, on partage les bénéfices.

– Mais tu écris toi aussi !

– Ah oui, seulement je ne pourrai pas tout faire. Actrice, c'est un planning très serré entre les castings, les tournages, les interviews, la promo. J'aurai besoin de quelqu'un pour ça. Et tu es la personne idéale !

Elle m'a serrée dans ses bras et s'est exclamée :

– Tu te rends compte, j'ai trouvé ma voie Caillou ! C'est tellement beau de faire ce qu'on a toujours rêvé !

Je me rendais surtout compte que Malika changeait de rêve comme de chemise. Hier c'était aller à la mer, ce matin c'était écrivain, tout à l'heure c'était de passer à la télé et maintenant c'était de devenir actrice. Il faudrait savoir.

Camille

Préparez les violons

Avant de rejoindre Malika au club théâtre, je suis passée au CDI pour rendre mes livres en retard. En sortant, je suis tombée nez à nez avec… Rémy !

J'ai esquissé un sourire. En retour, il m'a adressé un sourire gêné. On était face à face, on ne pouvait plus s'ignorer comme d'habitude depuis la rentrée.

– Tu as reçu ma carte cet été ? a-t-il fini par demander.

– Oui.

– Elle t'a fait plaisir ?

– Super.

Il y a eu un grand silence puis j'ai entendu des violons jouer autour de nous, mais mes yeux n'arrivaient pas à se décoller des siens pour vérifier si je rêvais ou pas.

– Je n'ai pas eu le temps de te répondre, ai-je déclaré.

– Normal, on a des vacances trop chargées.

– J'ai pensé à toi.

– Moi aussi, tous les jours.

Il m'a décoché son demi-sourire irrésistible.

– T'as coupé tes cheveux ? lui ai-je demandé.

– T'aimes pas ?

– Si, tu m'as gardé une mèche ?

Les violons résonnaient de plus en plus fort. Rémy a sorti ses ciseaux et a coupé une mèche d'un demi-centimètre. Je l'ai mise dans ma trousse.

On s'est regardés les yeux dans les yeux. La musique devenait de plus en plus douce. J'avais une drôle de sensation : les murs du couloir semblaient se resserrer sur nous.

C'était comme dans un film d'horreur sauf que là, c'était un film de bonheur.

On s'est rapprochés l'un de l'autre. Il s'est penché vers moi. Je sentais son souffle sur mon visage. Il a légèrement incliné la tête vers moi et j'ai vu ses lèvres avancer vers les miennes.

Soudain Malika a hurlé :

– Camille !

Rémy a reculé.

– Alors c'est comment le club théâtre ? ai-je demandé.

– Horrible ! En plus, tu m'as laissée toute seule ! J'ai dû improviser une fille qui promène son chien. Et toi, qu'est-ce que tu faisais ? Tu draguais ?

– Pas du tout, on discutait.

Je suis devenue rouge comme une tomate. Rémy est parti sur un « Ciao » désinvolte. Malika a attendu qu'il soit dans la cour pour dire :

– En tout cas, toi tu joues très bien la comédie depuis la rentrée. J'ai parfaitement compris ton petit manège : tu fais la fille délaissée, seule et malheureuse. Je passe mon temps à te consoler, à essayer d'égayer ta vie, je te fais rêver, je te fais rire, je me dis la pauvre, elle va mal, elle est triste sans son Rémy et hop ! Ni vu, ni connu, tu te rabiboches avec lui et je n'en sais absolument rien. Si ça se trouve, vous êtes ensemble depuis trois semaines et je ne suis même pas au courant !

– On vient de se parler pour la première fois depuis la rentrée, Malika... C'est arrivé à l'improviste.

– Il est fort cet improviste ! Très fort !

– J'ai croisé Rémy en sortant du CDI. C'était l'occasion de discuter.

– Discuter ! C'est cela, oui...

– Pourquoi ?

– J'aime bien ta façon de discuter. Vous étiez à deux centimètres l'un de l'autre quand je vous ai surpris, à deux doigts de vous embrasser, mais à part ça vous discutiez gentiment. De quoi ? Je ne sais pas. Du dernier livre que tu as lu, de politique internationale, de sciences naturelles, de moi peut-être ! En tout cas, tu peux courir pour que je te révèle le scoop que je viens d'apprendre.

– Quel scoop ?

– Ah ah ! Il fallait venir au club théâtre. C'est trop facile sinon !

Mais à part l'avenir de mon histoire avec Rémy, aucun scoop ne pouvait me rendre impatiente.

– Il y a un vague rapport avec Rémy si tu veux savoir.

– Ah bon ?

– Je n'en dis pas plus, Littlebit en parlera en cours. Patience, patience…

Quand nous sommes entrées dans la classe, le prof d'anglais a ouvert la fenêtre alors qu'il faisait froid. Il a accroché sa veste au portemanteau et s'est retrouvé en chemisette, il s'est assis sur son bureau, concentré et sérieux comme s'il était sur une scène de théâtre et attendait que les spectateurs s'installent. On s'est tus, inquiets de savoir s'il avait changé d'avis et allait faire son interro.

Il s'est mis à parler d'une voix très douce comme s'il avait un secret de la plus haute importance à nous délivrer.

– Avant de commencer le cours, je voudrais vous parler de quelque chose.

Il a ménagé un long silence tout en fixant l'armoire au fond de la classe. Charlotte s'est mise à tousser et on s'est tournés vers elle pour lui dire :

– Chut !

– Monsieur s'il vous plaît, vous pourriez fermer la fenêtre ?

– Chut ! a-t-on répété en chœur.

Le prof a fixé la poubelle à ses pieds avant de nous regarder enfin et d'annoncer :

– Avec plusieurs professeurs et une classe de quatrième, nous avons organisé un voyage en Angleterre.

Il y a eu un silence stupéfait et quand le message est bien entré dans le cerveau de chacun de nous, la classe entière a hurlé de joie. C'était du délire.

La prof d'à côté est même entrée par la porte mitoyenne pour s'assurer que nous étions avec un adulte. Littlebit nous a fait un geste d'apaisement.

– C'était ça, ton scoop ? ai-je demandé à Malika.

– Mieux que ça... Rémy part avec nous !

J'ai crié : « Hourra ! » en sautant de ma chaise mais comme le prof avait réussi à rétablir le silence, tout le monde m'a entendue et s'est tourné vers moi.

Rouge de honte, je me suis assise et j'ai fait mine de chercher un stylo dans ma trousse.

– Tu as l'air contente Camille ! s'est exclamé Antoine en se penchant vers moi.

– Pas pour ce que tu crois, ai-je rétorqué.

Il imaginait que je sautais de joie à l'idée de partir en voyage avec lui.

– Et toi Malika, tu n'as pas l'air contente ?

– J'étais déjà au courant, a répondu Malika en lui lançant un clin d'œil qui l'a fait rougir jusqu'à la racine des cheveux.

On a passé quarante-cinq minutes à parler du voyage.

Antoine a demandé si on irait à l'école là-bas, Charlotte voulait savoir si on mangerait au restaurant, moi je n'avais pas de question à poser, je savais déjà l'essentiel : Rémy partait avec nous.

À la sortie du cours, on traînait dans le couloir en parlant du voyage quand le pion Yassine est arrivé :

– Qu'est-ce que vous faites ici ? Allez dans la cour.

– Il pleut, a rétorqué Malika.

– Vous voulez peut-être que j'aille vous chercher un parapluie !

À ces mots, on s'est regardées et on a souri. On s'est réfugiées dans le préau. On a ouvert le livre d'anglais et on a regardé longuement la photo de la relève de la garde devant Buckingham.

Malika était déchaînée et feuilletait les pages à toute allure pendant que je pensais à Rémy.

– Bon alors et ces verbes irréguliers, il faut quand même qu'on les connaisse pour notre voyage en Angleterre ! s'est-elle exclamée.

On s'est assises et on a commencé à réviser. Antoine est passé devant nous et s'est étonné qu'on apprenne nos verbes alors que l'interro n'était que dans quatre jours.

– Pour moi c'est ça le bonheur, a soupiré Malika. Arriver un matin au collège pour une interro stressante et repartir en pensant à un super voyage. J'adore les bonnes surprises !

Des baskets bien connues sont passées à quelques centimètres de nous. C'étaient celles de Rémy. Elles se sont arrêtées un quart de seconde comme pour nous demander si on connaissait la nouvelle. J'ai levé les yeux un quart de seconde pour répondre. Tout était dit.

Le voyage en Angleterre

Passeport passion

Les cinquièmes et les quatrièmes étaient réunis autour du pilier « Informations » de la gare du Nord. Je reconnaissais Antoine, Paolo, Jessie, mais je ne voyais pas Malika. Pourtant je n'étais pas en avance, mon père avait mis des heures à se garer. Soudain, j'ai entendu une voix me chuchoter à l'oreille :

– Hello, Caillou ! How are you ?

Je me suis retournée d'un coup. Ma copine venait de franchir les portes vitrées. Un grand sourire illuminait son visage. Elle portait ses Converse montantes à fleurs et sa doudoune orange dénichée aux soldes le week-end dernier. Elle m'a sauté au cou si fort que mes sacs sont tombés par terre.

– C'est génial, c'est génial ! s'est-elle écriée.

– Quoi ?

– De partir ! Tu imagines ? Huit jours d'aventures à l'autre bout du monde !

– En Angleterre, n'exagère pas.

– Je n'exagère pas, Camille ! Le dépaysement va être total ! À notre retour on ne sera plus les mêmes. On parlera couramment anglais. On ne comprendra même plus ce que diront nos parents !

– Surtout quand on vous demandera de débarrasser la table ou de ranger votre chambre ! a lancé mon père, l'air amusé.

On a éclaté de rire. Malika m'a enfoncé ses ongles pointus dans les bras. Là, j'ai compris que je ne rêvais pas. J'étais bien au pied du pilier « Informations » de la gare du Nord, prête à partir de l'autre côté de la Manche avec ma meilleure copine depuis la sixième.

Du bout de l'index, j'ai remonté mes lunettes sur le nez. Rémy, où es-tu ?

Antoine s'est approché de nous, un prospectus sur l'Eurostar à la main. Comment arrivait-il à respirer avec une chemise fermée jusqu'au cou ? Je suffoquais pour lui.

– Vous vous rendez compte, un tunnel si long ! s'est-il exclamé.

Malika l'a fixé droit dans la pupille et a répliqué :

– Pourquoi tu viens nous parler de tunnel alors qu'on a un milliard de choses à se raconter, Camille et moi ?

Antoine ne s'est pas démonté.

– « Creusé à 50 mètres de profondeur, le tunnel parcourt près de 38 km sous l'eau. » 50 mètres de profondeur, 38 km sous l'eau, a-t-il répété, très impressionnant, non ?

– Très, a acquiescé ma copine d'un ton sec.

– Ils ont mis huit ans à le construire ! Huit ans ! Quand je pense qu'on va passer trente-cinq minutes au milieu des petits poissons, sans voir la lumière du jour.

– Antoine, stop ! a crié Malika. Stop !

Puis elle est partie rejoindre ses parents et son frère Farid qui ne pouvait pas venir à Londres à cause de sa jambe dans le plâtre, me laissant seule avec Antoine pour un cours soporifique sur le tunnel sous la Manche.

– J'ai dit quelque chose qu'il ne fallait pas ? s'est-il inquiété.

– Tu connais Malika, parfois elle a des réactions imprévisibles ! ai-je répondu pour le rassurer.

Il est resté à côté de moi, aussi raide et froid que le pilier d'informations. Moi je ne tenais pas en place et j'examinais les alentours. Rémy, es-tu là ?

Le silence devenait pesant. Antoine rangeait son prospectus dans la poche intérieure de son blouson quand Littlebit, notre prof d'anglais, s'est approché de nous.

– Cartes d'identité ou passeports et autorisations de sortie du territoire, s'il vous plaît. Je vérifie les papiers avant de partir. Excepté les petits mots doux...

Les boutons d'acné sur le visage d'Antoine se sont mis à clignoter à l'idée qu'on puisse s'échanger des mots doux.

En tendant mes papiers au prof d'anglais, je n'ai pas pu m'empêcher de loucher sur son nez que j'avais rarement vu de si près. Il n'était pas si petit que ça, Malika exagérait.

Parce que Littlebit, ce n'est pas son vrai nom. En vérité, notre prof d'anglais s'appelle M. Moulin. Littlebit, c'est le sobriquet sorti de l'imagination de ma copine un matin de l'année dernière où elle cherchait un surnom à chaque prof. Son raisonnement était simple :

tout est proportionnel chez un homme. La taille du nez, des pieds, des doigts et le reste. Comme elle trouvait que M. Moulin avait un petit nez, elle l'a appelé Littlebit.

Le prof a coché nos noms sur sa feuille et il a eu une mimique étrange que j'avais déjà remarquée lorsqu'il est contrarié : il a gonflé les narines à bloc.

– Il ne manque plus que Charlotte. Vous ne l'avez pas vue ?

On a secoué la tête pour dire que non. Elle était sûrement près d'un distributeur de sucreries, dans une boulangerie ou un kiosque à bonbons.

Et puis mon cœur a palpité. S'il ne manquait plus que Charlotte, ça voulait dire que Rémy était bien parmi nous. Mais où ?

Let's go

J'avais à peine repris ma recherche du beau Rémy que mes parents m'ont sauté dessus pour m'asséner une série de recommandations.

– Amuse-toi bien.

– Et sois sage.

– Reste discrète dans ta famille d'accueil.

– Et n'hésite pas à poser des questions. Il faut parler, parler, parler.

– Mange de tout et adapte-toi à leurs coutumes.

– Mais n'oublie pas que la cuisine française est meilleure que la leur.

Face à ces messages contradictoires, mon disque dur cérébral a décidé de faire comme il voudrait.

Heureusement, mon petit frère Tom a interrompu mes parents sinon ils auraient continué jusqu'au départ du train.

– Tu me rapporteras un souvenir ? a-t-il demandé.

– Promis.

J'ai fait claquer une bise sur chacune de ses joues, geste rarissime entre nous. On a finalement peu l'occasion de s'embrasser entre frère et sœur. Puis j'ai dit au revoir rapidement à mes parents. Je n'aime pas les adieux interminables.

Je m'apprêtais à rejoindre Malika lorsque mon père s'est exclamé en fixant quelqu'un derrière moi :

– Bonjour, jeune homme !

J'ai sursauté. Qui ? Rémy ?

Et j'ai virevolté.

Rémy était deux mètres plus loin. Les néons de la gare étaient braqués sur lui comme s'il posait pour une pub « Héros et stars en Eurostar ». Il avait une attitude décontractée, un pouce accroché à la poche de son jean, le poids du corps basculé sur une jambe. Ses cheveux avaient enfin retrouvé une longueur normale après la boule à zéro que lui avait faite un copain à la rentrée et il n'avait jamais été aussi beau.

Il a hoché la tête en adressant un sourire gêné à mes parents, un sourire malgré tout irrésistible.

J'ai soulevé mon gros sac de voyage qui m'a paru soudain plus léger qu'une plume et attrapé mon petit sac à dos. Je me suis approchée de Rémy comme l'aimant coccinelle s'approche du frigidaire.

– C'est super ! me suis-je exclamée.

– Quoi ? a-t-il demandé.

Le brouhaha de la gare s'était atténué d'un coup et nos voix semblaient amplifiées comme si on parlait dans un micro.

– De… de partir ! De voyager !

– C'est la première fois que tu pars sans tes parents ?

– Ah non, pas du tout, je… euh… suis déjà partie… sans mes parents… souvent…

C'est plus fort que moi, je n'arrive pas à placer un mot devant l'autre quand on ne s'est pas parlé depuis longtemps Rémy et moi. Les néons braqués sur nous me brûlaient la peau.

Mon sac de voyage était devenu lourd comme une enclume. Y a-t-il un fauteuil quelque part pour s'asseoir ?

Il n'y avait aucun fauteuil de libre mais heureusement, Littlebit, mon sauveur, s'est à nouveau approché. Son portable dans une main et la fiche où il manquait une croix dans l'autre, il a annoncé, interrompant notre conversation pathétique :

– J'appelle les parents de Charlotte. J'espère qu'elle n'est pas à l'aéroport.

À cet instant, on a entendu crier :

– Attendez-moi ! Attendez-moi !

Charlotte descendait l'escalator, essoufflée et dégoulinante. Elle avait les yeux ronds comme des rouleaux de réglisse, les joues roses comme des bulles de Malabar et elle transpirait des gouttes de Schweppes. Son père traînait derrière lui une énorme valise, proportionnelle au poids de sa fille. La valise était entourée de ruban adhésif.

– La fermeture a craqué, a expliqué Charlotte. J'ai dû jeter des paquets de gâteaux, des sacs de bonbons et des canettes.

– La nourriture anglaise a mauvaise réputation mais de là à emporter son garde-manger ! s'est exclamé Antoine qui rôdait autour de nous.

– Tu veux mettre des affaires dans mon sac ? ai-je proposé à Charlotte. Il me reste de la place.

– Ah non, non. Merci.

– Je te les rendrai à l'arrivée, ne t'inquiète pas.

– Non, ça va. Regarde, tout tient.

Je n'ai pas insisté. Charlotte avait peut-être peur qu'on lui mange ses provisions pendant le voyage.

Littlebit a enfin inscrit sa dernière croix sur sa fiche. Il a remis son portable au fond de sa poche et il a sonné le départ :

– Let's go !

La coccinelle serait bien restée collée au frigo plus longtemps mais Rémy s'est écarté d'un pas et m'a lancé, comme si on n'allait pas au même endroit :

– Bon voyage !

– Bon noyage, ai-je répété un peu troublée. Euh, je voulais dire… bon voyage !

Il avait déjà rejoint ses copains.

Mon cœur s'est mis à battre au ralenti. S'il avait dit « Bon voyage », ça signifiait : « Rendez-vous à Paris dans huit jours ». Donc à Londres on ne se connaissait pas. Mais pourquoi ?

Des progrès en langue ?

Les profs ont attendu la fin de l'annonce de l'ouverture du wagon-bar pour reprendre leur discours de morale. Ils étaient tous les quatre debout en tête de la voiture 7, juste devant Malika et moi assises à leur gauche, Jessie et Charlotte assises à leur droite. Littlebit, bien sûr. Mme Durel, la prof de sciences physiques des quatrièmes. La documentaliste aux mains chargées de guides sur Londres. Malika l'appelle Sephora, comme les magasins de cosmétiques, parce qu'elle aime beaucoup son parfum.

Dès qu'on va au CDI, elle s'arrête à l'entrée, inspire profondément, les yeux fermés, et murmure :

– *Lolita Lempicka*, j'en suis sûre ! Ou alors, *Flower by Kenzo* peut-être… non, *J'adore* de Dior.

Je ne comprends pas pourquoi elle ne lui pose pas directement la question.

Et puis il y avait aussi Laura comme accompagnatrice, une ancienne élève du collège qui est maintenant étudiante en anglais à la fac. On l'avait trouvée très cool le jour où elle était passée dans nos classes pour se présenter, avec ses longs colliers de perles, ses anneaux géants aux oreilles et son sac en bandoulière de toutes les couleurs.

Mme Durel a demandé à notre prof d'anglais de récapituler le chapitre : « De la bonne tenue et du savoir-vivre à l'étranger. » Littlebit a gonflé ses narines. Le geste pouvait passer inaperçu, sauf que moi, depuis la gare, j'étais obnubilée par cette partie de son anatomie.

– Vous avez donc bien compris, a-t-il repris, il est interdit de voler dans les magasins. Les Anglais sont réputés pour leur humour mais ils ne plaisantent pas à ce sujet.

Il nous a lancé un coup d'œil rapide pour voir si on suivait et je crois qu'il m'a surprise les yeux braqués sur son nez. Malika prétend que lorsqu'on observe le nez de quelqu'un ça ne se voit pas. Au cinéma par exemple, c'est même une technique : les acteurs fixent le haut du nez de leur partenaire pour donner l'impression qu'ils le regardent droit dans les yeux. Parce que, de près, c'est impossible de regarder quelqu'un dans les deux yeux, on fait le va-et-vient d'un œil à l'autre.

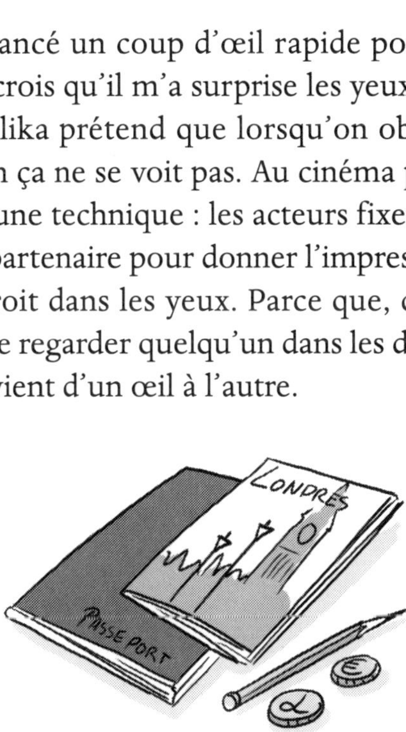

– La police britannique n'a aucun humour quand elle attrape un voleur, a-t-il répété.

– Qu'est-ce qu'elle peut nous faire ? a demandé Nono.

Il était debout, accoudé au dossier de son fauteuil. Mme Durel a pris la parole pour répondre sur un ton beaucoup plus saignant que Littlebit :

– Elle vous reconduit immédiatement à la frontière et vous n'avez plus le droit de remettre les pieds sur le territoire.

Il y a eu un grand silence. On était tous pétrifiés en pensant à la honte d'être reconduits à la frontière par la police. Malika s'est penchée vers moi et m'a chuchoté à l'oreille :

– Pratique, on économise le billet du retour !

Mme Durel était aussi pétrifiée que nous et elle ne savait visiblement pas comment clore le discours après nous avoir flanqué la frousse. Littlebit est intervenu :

– Et sinon, je souhaite à chacun un bon voyage, un agréable séjour, des découvertes passionnantes et…

Il a eu une panne d'inspiration. À son tour, Mme Durel a volé à son secours.

– Et, bien sûr, des progrès en langue, a-t-elle ajouté sans intention de faire de l'humour.

Des éclats de rire ont retenti dans le wagon et un élève de quatrième a dit à la prof de sciences physiques :

– Ne vous inquiétez pas madame, on fera notre maximum.

Je suis devenue rouge comme si tout le monde pensait à moi et Rémy.

Et puis les profs ont repris leurs activités. Littlebit a vérifié qu'il n'avait pas de message sur son portable. Sephora a plongé la tête dans ses guides. Laura se regardait dans une vitre comme devant un miroir pour arranger ses cheveux. Mme Durel s'est mise à rire toute seule, comme si elle comprenait soudain l'ambiguïté de sa recommandation.

Avec cette histoire de progrès en langue, elle m'avait tendu une perche en or. On avait trois heures de train Malika et moi pour organiser un plan d'attaque efficace. Cible : Rémy. Objectif : ressortir avec lui. Please, help me !

Malika était tournée vers le paysage. Son teint virait au vert comme si elle avait le mal de mer.

– Ne t'inquiète pas, on ne prend pas le bateau ! ai-je soufflé.

– C'est pire.

– Pire ?

On peut être malade dans le train ? Elle aurait dû prévenir les profs, consulter son médecin et prendre des cachets contre la nausée.

– C'est à cause d'Antoine ! a-t-elle ajouté.

– Qu'est-ce qu'il a dit encore ?
– Tu étais là, tu as entendu comme moi.
– Le tunnel ?
– C'est ça mon flip.
– Tu as le mal de tunnel ? ai-je essayé de plaisanter. Ce n'est pas grave. Tu fermes les yeux, tu dors et tu ne te rendras compte de rien.
– Trop tard. Je ne pense qu'à ça. Et quand je ferme les yeux c'est encore pire, j'ai l'impression d'être déjà dedans.
– Prends un livre, mange des Paille d'or… Tu veux que je demande de l'aspirine aux profs ? On peut aller se promener, discuter. De tout et de rien, ça fait passer l'envie de vomir. Par exemple, tu crois que Rémy…
– Et s'il arrivait un accident, Caillou ?
– Il n'arrivera rien.
– Oui, mais si…
– Il n'est jamais rien arrivé.
– C'est peut-être la dernière fois que j'ai vu mes parents. Tu imagines ?

Non, je n'avais pas envisagé une telle éventualité. J'ai repensé aux adieux rapides et insouciants à mes parents sur le quai de la gare. Et mon frère, peut-être que je ne l'embrasserai plus ? Si j'arrive à Londres saine et sauve, je lui trouverai le plus beau des souvenirs. Quand je le reverrai, si jamais je le revois, je l'embrasserai deux fois plus fort qu'à mon départ. Même si parfois il m'agace avec ses blagues de CE2 et sa manie de disparaître dès qu'il faut mettre la table.

– Ne t'inquiète pas, ai-je soufflé.

– Tu n'as pas mieux pour rassurer quelqu'un ? Et puis arrête avec tes lunettes, elles ne vont pas s'envoler !

Je suis restée figée, le doigt collé à mes lunettes. Mon index était monté tout seul sur la monture. J'ai posé ma main gauche sur ma main droite pour l'empêcher d'y retourner.

Ce n'était pas le bon moment pour aborder le plan d'attaque concernant Rémy. Malika était trop préoccupée par son tunnel. Quand elle est angoissée, elle est capable de démonter une cabane en deux phrases tranchantes.

Charlotte nous a tendu un paquet de gâteaux vide pour qu'on le jette dans notre poubelle, la sienne était déjà pleine. Jessie battait la mesure de ses pieds nus. Ses ballerines écossaises toutes neuves gisaient au milieu du couloir. Elle avait les écouteurs vissés sur les oreilles et rêvait, le regard perdu sur le sol, la tête appuyée sur une main. De l'autre main, elle tripotait l'anneau qu'elle avait accroché à sa chaîne.

Un groupe d'élèves jouaient au poker, d'autres discutaient doucement, rigolaient ou dormaient. Malika était la seule personne stressée par la traversée sous le tunnel, mais son stress était contagieux. Mes mains commençaient à devenir moites et j'avais la désagréable sensation que mes lunettes glissaient le long de mon nez comme le train glissait sur les rails.

Pour oublier le visage pétrifié de Malika et les tonnes d'eau qui allaient s'amonceler au-dessus de nous, j'ai ouvert mon roman d'Agatha Christie. La documentaliste nous avait présenté plusieurs auteurs anglais pour préparer le voyage.

Mon marque-page était recouvert de R majuscules. Encore un jour où je pensais trop fort à Rémy. Rémy, penses-tu à moi toi aussi ?

Laura est passée près de nous dans l'allée centrale et nous a demandé d'une voix douce, à la façon d'une hôtesse de l'air :

– Tout va bien, les filles ?

– Super, a répondu Malika d'un ton sec.

Notre hôtesse des souterrains s'est tournée vers Jessie et Charlotte pour poser la même question.

– Elle est cool, ai-je murmuré.

– Coule ? a sursauté Malika, les yeux en forme de bouées de sauvetage. Tu as bien dit coule ?

– Je voulais dire que Laura est sympa de passer nous voir, ai-je précisé.

– Sympa. C'est ça, oui, je préfère.

Malika a fermé les paupières et j'ai repris ma lecture. Elle n'était décidément pas en état d'avoir une conversation normale.

J'avais à peine lu trois pages qu'elle a consulté sa montre, s'est levée et m'a enjambée.

– Tu vas aux toilettes ? ai-je demandé.

– Aux toilettes ? Pour quoi faire ?

– Ben, je ne sais pas moi...

Elle a traversé le wagon sans me donner plus d'explications.

Elle s'est installée à côté de Nono sur le siège laissé libre par Rémy qui s'était assis sur un accoudoir pour jouer aux cartes.

Je me suis sentie soulagée. Nono trouverait certainement une méthode pour que Malika oublie son mal de tunnel : lui raconter ses dernières histoires drôles ou lui lire les lignes de la main.

Patience pour Rémy… Dès la sortie du tunnel, Malika serait en état de me dire comment l'aborder avant la fin du séjour. Parce que je me connais. Je suis capable de passer huit jours à côté de lui, dans des conditions idéales pour des retrouvailles, sans pouvoir croiser une seule fois son regard, sans oser lui adresser la parole et sans l'approcher d'assez près pour entendre le son de sa voix dans le creux de mon oreille. Une voix chaude et douce qui se branche automatiquement sur mon cœur pour en accélérer les palpitations. Rémy, parle-moi !

In english, now

– T'es toute seule ?

Hein ? Qui me parle ? J'entends des voix ? J'ai levé la tête et j'ai aperçu le visage de Rémy en gros plan au-dessus de moi.

J'ai fermé mon livre d'un coup sec. Mon cœur s'est emballé jusqu'à atteindre la vitesse de l'Eurostar. Je me suis glissée près de la fenêtre pour lui laisser ma place.

– Je te dérange ? Tu lisais ?

– J'ai terminé mon chapitre. Euh… non, je ne l'ai pas encore commencé… et puis de toute façon, il faut que je reprenne depuis le début, je n'ai rien compris.

– Ah, tu lis en anglais ? a-t-il demandé.

– Non non, en français.

Il m'a examinée d'un air étonné. J'ai préféré renoncer à m'expliquer de peur d'aggraver mon cas. Il a bidouillé la tablette, un coup baissée, un coup remontée, sans savoir ce qu'il préférait. Je me suis replongée dans mon livre pour ne pas le laisser dans l'embarras.

– Je peux ? a-t-il demandé à Jessie de l'autre côté du couloir, en désignant un de ses écouteurs.

Évidemment, c'est plus facile d'écouter de la musique sur le même MP3 que de lire le même livre. Jessie a remis vite fait ses pieds dans ses ballerines et elle a tendu au plus beau garçon du collège, toutes classes confondues, un de ses écouteurs. Avec quelqu'un d'autre, elle aurait inventé n'importe quel prétexte pour refuser, du genre : « L'écouteur est fabriqué sur mesure pour mon oreille, désolée, je ne peux pas. » Mais pour Rémy, elle était prête à tout, même à le lui prêter pendant les huit jours.

Soudain une voix dans le haut-parleur nous a prévenus qu'on entrait dans le tunnel. Mon sang n'a fait qu'un tour et je me suis retournée pour jeter un œil vers Malika.

La place à côté de Nono où elle s'était installée était vide. J'ai balayé les alentours du regard sans la trouver. Où avait-elle bien pu passer ? Était-elle en train de vomir aux toilettes ? Errait-elle seule et désespérée dans les couloirs ? Cherchait-elle la sonnette d'alarme pour demander l'arrêt immédiat du train ? Était-elle en pleine discussion avec un contrôleur pour connaître les probabilités de panne au milieu du tunnel, les risques d'infiltration d'eau dans le béton, les chances de survie en cas d'effondrement, les mesures de sécurité concernant le terrorisme ?

Elle avait peut-être besoin de moi de toute urgence. Mais qu'est-ce que je faisais assise tranquillement dans mon fauteuil ? J'aurais dû être à sa recherche depuis longtemps.

Je me suis tournée vers Rémy qui était absorbé par la musique de Jessie. J'étais bloquée. Impossible de l'enjamber et je n'osais pas non plus lui demander de se lever.

Antoine est passé dans le couloir et il a tapoté le bras de Rémy.

– Malika, excuse-moi pour…

Quand Rémy s'est retourné, Antoine a sursauté. Le premier bouton de sa chemise a failli exploser.

– Tu veux passer ? a interrogé Rémy en pensant que le fil de l'écouteur le gênait.

– Non, euh… Malika n'est pas là ?

– Elle est partie se promener, ai-je répondu.

– Je venais m'excuser pour tout à l'heure. Je crois que je l'ai effrayée avec mes précisions sur le tunnel.

– Je le lui dirai.

– Merci. Tu n'oublieras pas, c'est sûr ?

– Non, non, ne t'inquiète pas.

Il est resté planté là une bonne minute. Est-ce qu'il voulait que je lui signe un papier ?

Antoine aurait peut-être insisté encore longtemps pour savoir où était Malika si Charlotte ne l'avait pas obligé à se pousser pour attraper sa valise.

– Je n'ai plus rien à boire, tout est dans ma valise. Enfin, ce qu'il me reste. Quand je pense à ce que j'ai dû jeter, quel gâchis !

– Tu feras des heureux, ai-je dit.

– Des œufs ? Ah non, j'en ai pas pris. C'est fragile, ils n'auraient pas supporté le voyage.

Elle avait beau tirer sur la poignée, sa valise restait coincée. Je lui ai tendu ma bouteille d'eau avant qu'elle ne fasse tomber tous les bagages.

– Tiens Charlotte, je ne l'ai pas encore ouverte.

Elle m'a adressé un sourire qui ressemblait à une grimace.

– Elle n'est pas pétillante ? a-t-elle ronchonné en déchiffrant l'étiquette.

Elle a bu deux gorgées et m'a rendu la bouteille aussitôt.

Mes yeux se sont promenés le long du reposoir à bagages. Une vitre teintée renvoyait le reflet des élèves sur tout le wagon. Loin derrière, je distinguais une forme étrange qui ressemblait à un gros sac et cette forme étrange, c'était Malika dans les bras de Nono. Quoi ! Ils s'embrassaient !

– Tu sais que Malika et Nono sortent ensemble ? ai-je demandé à Rémy.

Il a retiré son écouteur comme si une seule oreille ne suffisait pas pour m'entendre.

– Possible.

– C'est sérieux ?

– Sérieux, à notre âge ?

Il m'a lancé un coup d'œil et a attendu ma réaction.

– Oui à notre âge. Pourquoi pas ?

J'avais envie de lui arracher l'écouteur des mains et de l'enrouler bien serré autour de son cou. Alors pour lui ce n'était pas sérieux quand on était sortis ensemble ? Il faut avoir son bac pour éprouver ses premiers sentiments amoureux ? Dix-huit ans ? Le permis de conduire ?

– Comment tu peux dire une chose pareille ? me suis-je indignée.

Il m'a lancé un de ses fameux demi-sourires absolument irrésistibles. Et là, j'ai eu envie de nous enrouler tous les deux avec le fil des écouteurs et de l'embrasser jusqu'à l'arrivée.

– C'était pour voir ta réaction, a-t-il murmuré.

Et il a remis son écouteur. Nos bras se sont effleurés. Je me suis plaquée contre la vitre comme s'il m'avait brûlée et j'ai retourné sa réponse dans ma tête pour en déchiffrer le sens.

Quand j'ai eu épuisé toutes les interprétations possibles, j'ai ouvert mon livre au hasard et j'ai commencé à lire au milieu d'un paragraphe sans rien comprendre. Agatha Christie avec Rémy à côté, même en français, c'est du chinois.

Comme le train arrivait à la gare de Saint-Pancras, Malika est revenue à sa place pour récupérer ses affaires et mettre sa doudoune.

– Alors, le tunnel ? ai-je demandé.

– Quel tunnel ? Tu as vu un tunnel, toi ?

Elle m'a lancé un clin d'œil et un sourire entendu.

– Vous sortez ensemble depuis longtemps avec Nono ?

Elle a soulevé sa manche pour consulter sa montre.

– Depuis exactement 14 h 18. C'est passé vite ! Pas besoin de tranquillisants, inutile de chercher la position idéale de yoga pour se détendre, la méthode est hors compét, je devrais écrire un livre là-dessus. Rassure-toi, c'était fini trente-cinq minutes plus tard.

Elle a remonté d'un coup sec la fermeture de sa doudoune et elle a ajouté :

– Bon in english now Caillou, we are in London. Et toi, good trip ? Happy to be vivante after the channel sous la Manche ? Me too.

J'ai ri, contente de retrouver une Malika détendue et blagueuse pour huit jours de bonheur.

– Il faut s'habituer avant d'arriver dans nos familles, a-t-elle déclaré. Je sens qu'on va bien rigoler.

– Tu crois ?

– Fais-moi confiance Caillou. Les Anglais sont folklo, ils ont de l'humour, ils adorent la tour Eiffel, la nourriture et le vin français. Aucune raison de s'affoler !

– Je ne m'affole pas.

À cet instant, Mme Durel a pris la parole pour nous avertir que nos familles d'accueil nous attendaient à la gare.

– Tu imagines si j'atterris dans une famille dont le fils de quinze ans qui dort dans la chambre d'à côté est beau comme un dieu ! s'est exclamée Malika. Tu imagines si je tombe raide dingue amoureuse de lui dès le premier regard !

– Et Nono ?

– Nono ? Quoi Nono ? C'était juste pour les trente-cinq minutes de tunnel. Il le sait très bien. Ce n'est pas un sentimental, de toute façon. Sortir avec une fille plus de trente-cinq minutes, il trouve ça lassant. Au fait, il est où Antoine ? Il faut que je m'excuse d'être partie tout à l'heure. J'ai été un peu sèche, non ? Il ne t'a rien dit ? Tu es sûre ?

J'étais si perturbée à l'idée qu'on puisse sortir avec quelqu'un pour un nombre de minutes donné que j'ai oublié de transmettre les excuses d'Antoine.

Enfin, on est descendus de l'Eurostar. Pour la première fois, je foulais le sol anglais. Pourtant j'étais encore à des années-lumière de l'Angleterre. Je ne m'étais absolument pas préparée à ce que serait ma nouvelle vie pendant ces huit jours. Je n'avais pensé qu'à une chose : Rémy. Et lui, avait-il pensé un peu à moi ?

Welcome to London

J'ai posé ma trousse de toilette sur l'oreiller et j'ai cherché une paire de chaussettes propres dans mon sac de voyage rangé sous le lit superposé. J'avais la sensation étrange de ne plus être la même personne. Une autre Camille avait pris sa douche, une autre Camille avait enfilé son pyjama, une autre Camille avait longé le couloir sombre, posé sa trousse de toilette sur l'oreiller et cherchait une paire de chaussettes.

Kelly Berkson, l'une des jumelles de onze ans dont je partageais la chambre, était assise par terre, sa DS dernier modèle à la main. Elle avait les yeux cachés sous sa frange trop longue, mais je savais pertinemment qu'elle ne ratait aucun de mes gestes.

Elle m'observait comme si je jouais dans une pièce de théâtre le rôle de la Française un peu perdue qui débarque à Londres. Je sentais qu'elle avait envie de parler avec moi. J'ai décidé d'appliquer les conseils de mes parents sur la meilleure façon d'apprendre une langue (« Parler, parler, parler ») !

– Oh nice ! Very interesting ! j'ai déclaré en désignant la DS.

Kelly a souri et elle m'a montré les prouesses de son jeu de patinage : grand écart, tête à l'envers, saut périlleux, on pouvait exécuter toutes les figures sans se fatiguer. Je me suis émerveillée en lançant un international :

– Oh oh !

Sa sœur jumelle Jennifer a déboulé dans la chambre. Elle portait un survêtement mauve sûrement à la mode à Londres en ce moment et, sous son tee-shirt moulant, elle avait déjà une poitrine très développée. Sans prononcer un mot, elle a désigné du doigt le manche de ma brosse qui dépassait de ma trousse de toilette et m'a interrogée du regard.

– What ? ai-je demandé.

Que se passait-il ? J'avais la même brosse que la sienne ? Elle trouvait anormal qu'elle dépasse de ma trousse ? Ou bien elle ne savait pas s'il s'agissait d'une brosse ou d'une mini lampe torche ?

– Ah yes ! It's my…

Comme je ne trouvais pas le mot anglais, et qu'elle avait encore le doigt pointé sur le manche et le regard interrogateur, j'ai sorti la brosse de la trousse et je la lui ai tendue. Elle l'a saisie d'un geste brusque et a commencé à se coiffer devant la glace en chantonnant.

Ma mère dit qu'on ne prête pas sa brosse à cheveux ni son stylo-plume, c'est personnel. Mais mieux vaut ne pas contrarier une Anglaise avec qui on va dormir pendant sept nuits. J'ai fermé discrètement ma trousse de toilette pour que Jennifer n'ait pas l'idée d'essayer tout le reste : chouchous, eau de toilette, brillant à lèvres. Kelly ne me lâchait pas des yeux, pourtant elle n'a rien dit.

Jennifer a éclaté de rire en entendant le sifflement que produisait la brosse quand on appuyait sur les pics. Je n'ai pas compris pourquoi. Elle a recommencé plusieurs fois en accélérant et elle s'est mise à chanter une chanson en s'en servant de micro. Puis leurs deux petits frères sont entrés dans la chambre comme des bombes. Ils lui ont arraché la brosse des mains et se sont sauvés dans le couloir en braillant :

– Scooby-Doo !

Ils ont attrapé le chien dont l'odeur d'œuf pourri et l'aboiement de vieille casserole m'avaient fait une forte impression quand j'étais entrée dans la maison. Ils ont commencé à brosser ses longs poils en riant fort. J'ai senti mes mains trembler et mes yeux picoter.

– Please, please, my brosse, ai-je murmuré.

Scooby-Doo a attrapé la brosse dans sa gueule baveuse, il a grogné et il s'est mis à sauter partout alors que les trois autres essayaient de la lui arracher. Kelly a hurlé stop et elle est devenue rouge comme la cabine téléphonique au pied de la maison.

Enfin, les parents sont arrivés. La mère a récupéré ma brosse et a sorti Scooby-Doo sur le perron. Le père a attrapé les garçons, les a enfermés dans leur chambre et tout est rentré dans l'ordre.

Je me suis enfermée dans la salle de bains et j'ai nettoyé ma brosse avec le premier savon qui me tombait sous la main. Je tremblais de la tête aux pieds. Une larme s'est mise à couler sur ma joue. Je revoyais les images de notre arrivée à Londres.

L'Eurostar venait d'arriver à Londres. Nos familles nous attendaient dans le hall de la gare. On s'est regroupés avant d'être appelés. Mon sac de voyage me semblait très léger pour huit jours si loin de chez moi.

« Pourvu que je n'aie rien oublié, ai-je pensé. Ma brosse neuve, je l'ai bien emportée ? »

J'ai repéré dans la foule un monsieur en tee-shirt noir, avec des tatouages sur les bras, des bagues aux doigts, des joues mal rasées et un gros ventre.

– Il vient de sortir de prison, celui-là ? a marmonné Malika.

L'homme a appelé d'une voix rauque :

– Camilla…

J'ai failli tomber dans les pommes en entendant sonner mon prénom dans sa bouche.

Ma copine m'a enfoncé ses ongles pointus dans le bras. J'avais vraiment besoin qu'on me pince pour être sûre que je ne rêvais pas.

– Bon courage ! m'a-t-elle glissé.

J'aurais voulu sauter dans l'Eurostar qui rentrait à Paris. J'aurais préféré m'appeler Gertrude ou Cunégonde. J'ai tourné les yeux vers le prof d'anglais en espérant qu'il y avait une erreur. Il n'a rien dit. Est-ce que c'était une vengeance parce qu'on l'appelle Littlebit depuis la sixième ?

Je me suis tournée vers Rémy. Lui allait prendre conscience de la catastrophe et me sortir de l'enfer. Il m'a souri comme si je le regardais pour ses beaux yeux. Je le sentais loin de moi. L'aimant coccinelle n'adhérait plus. Il glissait désespérément sur le frigidaire.

J'ai pris une grande inspiration, je me suis approchée de l'homme et j'ai murmuré :

– Camille, c'est moi.

Puis j'ai laissé tomber mes deux sacs par terre, complètement anéantie. Les muscles de mes doigts s'étaient transformés en jelly. Dans mon cerveau, tout se mélangeait façon pudding. Je n'étais plus qu'un morceau de viande bouillie incapable de faire un pas.

Sa femme nous attendait dans la voiture. Elle était menue et portait une jolie robe à pois assortie à son rouge à lèvres et à ses chaussures pointues.

Elle m'a fait la conversation pendant tout le trajet. Elle voyait bien que je disais souvent « yes yes » sans rien comprendre, ça ne l'empêchait pas de continuer. Je redoutais les questions mais, pour l'instant, elle n'en posait pas trop. J'ai juste compris qu'elle était venue une fois à Paris.

J'aurais préféré regarder le paysage et attendre qu'on me présente mon lit pour m'affaler dessus, serrer mon oreiller et pleurer toutes les larmes de mon corps.

Mais je n'avais pas eu une seconde à moi pour pleurer depuis que j'avais entendu mon nom dans la bouche de monsieur l'évadé de prison dans le hall de la gare.

J'ai ouvert la petite fenêtre de la salle de bains pour respirer et me remettre de mes émotions. L'envie de pleurer était toujours présente mais le robinet des larmes était fermé, rien ne coulait.

Je voulais rentrer chez moi. Vite. Ici, j'étais seule au monde.

Huit jours de malheur s'annonçaient dans cette famille. Fallait-il supplier les profs d'en changer ? Ma mère aurait dit :

– Accroche-toi, sois courageuse.

Mon père m'aurait conseillée :

– Descends à la cabine téléphonique, appelle le responsable, boucle ta valise et sauve-toi de là.

Littlebit aurait claironné :

– Ah ! Vous m'avez surnommé Littlebit, vous avez bien rigolé pendant un an et demi, hein ? Mais on fait moins la maligne maintenant !

Malika aurait déclaré :

– Ça te fera des histoires géniales à raconter dans ton journal intime !

Ce journal intime que j'avais caché dans un tiroir de mon bureau avant de partir, décidée à profiter de ma nouvelle vie londonienne. Mais là, à cet instant précis, il m'aurait été utile. Parce que mon journal intime, c'est un peu mon paquet de mouchoirs quand j'ai envie de pleurer, ma béquille lorsque la vie me fait tituber, ma bouée quand je suis sur le point de couler.

J'étais noyée dans mes pensées quand j'ai entendu mon prénom retentir au loin. Je ne rêvais pas. C'était bien une voix familière. J'ai penché la tête et j'ai aperçu une chevelure avec de longues bouclettes noires.

– Malika ! ai-je hurlé. On habite à côté ?

– Le hasard ne nous séparera jamais, Caillou.

Hourra ! Ma copine était à trois mètres, dans la maison collée à la mienne. J'ai repris espoir et j'ai pensé que la vie n'était pas si pourrie.

– Alors, c'est comment chez toi ? a-t-elle demandé.

– Tout se passe très bien. Et toi ?

Je ne sais pas ce qui m'a pris de répondre ça alors que deux minutes plus tôt j'étais sur le point de me faire rapatrier en France.

– C'est l'enfer avec mes deux petits vieux, a-t-elle déclaré. Comme ils pensent que je ne capte rien en anglais, ils me parlent comme à une demeurée. En plus, ils n'ont pas d'enfants. Je croyais qu'il y avait forcément quelqu'un de notre âge dans les familles. Je vais tomber amoureuse de qui, moi ?

À cet instant, un hurlement a retenti dans le couloir et on a tambouriné à la porte de la salle de bains.

– À demain ! ai-je lancé.

– Je viens te chercher à huit heures pour aller au collège.

– Comme d'habitude !

J'ai fermé la fenêtre, j'ai planqué ma brosse sous mon pull et je suis sortie. Les deux frères se battaient dans le couloir. Je l'ai traversé les yeux fermés et je me suis réfugiée dans la chambre des jumelles en attendant le dîner.

J'aurais bien écrit quelques mots dans mon journal pour dire ma joie de trouver Malika à côté de chez moi. Mon journal intime, c'est aussi celui qui écoute mes bonheurs et qui les rend encore plus forts.

J'ai pris le livre d'Agatha Christie que j'avais posé sur mon lit et je l'ai feuilleté. Le marque-page recouvert de R avait disparu. J'ai levé la tête. Kelly était assise sur la chaise de son bureau, un double décimètre à la main. Elle m'observait avec son sourire bizarre.

– It's you? ai-je demandé.

Elle a fait mine de ne pas comprendre. J'ai pris mon dictionnaire mais je ne savais pas si je devais chercher à « marque » ou à « page ».

Elle s'est levée et s'est approchée de moi. Elle s'est assise délicatement sur mon lit et a caressé la couverture du livre. Elle a articulé :

– Le Meuyte ?

– *Le Meurtre de Roger Ackroyd*, ai-je articulé comme si c'était elle qui faisait un séjour linguistique. MeuRtRe.

Elle a parcouru la première page et m'a posé une question que je n'ai pas comprise. J'ai dit « yes » quand même et elle a rangé mon livre dans le tiroir de son bureau. Qu'avait-elle compris ? Que je le lui offrais ?

– French book, ai-je bredouillé. Not in english.

– OK, a-t-elle répondu simplement.

– You don't understand.

– OK.

Je suis passée au français rapidement.

– Tu ne vas rien comprendre, c'est en français. C'est déjà dur pour nous, alors pour toi !

Elle s'est dirigée vers l'étagère et elle a sorti un livre de Roald Dahl qu'elle m'a tendu : *Matilda*. Lire en anglais ? Franchement easy ! J'en fais seulement depuis un an et demi, trois heures par semaine ! Je comprends les phrases à trois mots simples, pas plus. Espérons que les quatre heures d'anglais prévues le matin à l'internat me permettront d'avaler cent pages en sept jours.

– Thank you very much, ai-je bredouillé.

Courage, demain à huit heures, je serai sauvée. Malika passera me chercher. Je serai à nouveau Camille, la vraie. Un rayon de soleil illuminera le début de la journée. Et la vie redeviendra aussi rose que la DS de Kelly.

Même pas en rêve

Cet internat anglais n'avait rien de commun avec notre collège français. La pluie qui coulait sur les carreaux avait une tonalité typiquement british. Le piétinement des élèves qui longeaient le couloir pour descendre dans la cour ne résonnait pas comme chez nous. Les lampes jaunes sur les murs n'éclairaient pas de la même façon.

On sortait de la salle où l'on venait de passer la matinée à travailler quand j'ai déclaré d'un ton émerveillé :

– Je ne sais pas si on sera bilingues en rentrant mais on est vraiment dépaysés.

– Ah, tu trouves ? a rétorqué Malika. Faire des exercices d'anglais ici ou en France, je ne vois pas la différence.

– On est bien obligés d'apprendre la grammaire pour parler.

– Il y a mille autres façons d'apprendre une langue que de rester collés sur un cahier pour remplir des phrases à trous ! Si on passe notre temps à faire des exos sur *the* ou pas *the*, qu'est-ce qu'on va découvrir de l'Angleterre, la vraie ? Et des Anglais ? Tu as parlé avec beaucoup d'Anglais ce matin, toi, à part avec ta famille et le chauffeur de bus ?

Malika n'avait pas complètement tort. Si on restait entre Français, on ne progresserait pas. Le mieux serait de faire connaissance avec des élèves de l'internat et d'échanger nos points de vue sur la vie en général et nos pays en particulier. Et plus si affinités, comme dit Malika.

On s'apprêtait à descendre les escaliers quand Rémy, Nono et d'autres quatrièmes sont sortis de la salle voisine.

– Alors les filles, ça va ? a demandé Nono. Le décalage horaire, l'accent, la bouffe, tout ça, on s'acclimate ?

Rémy s'est tourné vers nous. J'ai senti qu'il était sur le point de nous adresser la parole. Ça tombait bien. Pour une fois, j'avais un sujet de conversation possible, la famille Berkson, et j'avais de quoi tenir cinq bonnes minutes tellement ces gens étaient bizarres. Mais Jessie nous a interrompus. Elle portait toujours ses ballerines écossaises.

– Vous n'avez pas vu Charlotte ? a-t-elle demandé.

– Elle a encore disparu ! me suis-je exclamée. Elle est sûrement au distributeur dans le hall.

– J'en viens, elle n'y est pas. C'est pour ça que je m'inquiète.

Elle me fixait en faisant coulisser son anneau autour de sa chaîne. Si elle croyait que je n'avais pas repéré son petit manège ! Elle s'approchait de nous dès que Rémy était dans les parages. Déjà dans le train, elle lui avait prêté son écouteur. Et maintenant qu'on était toutes les deux face à face, elle m'envoyait des messages étranges avec cet anneau. Quand Rémy et Nono se sont éloignés, on a laissé Jessie se débrouiller tout seule pour retrouver Charlotte.

On descendait tranquillement les escaliers quand, soudain, Malika a trébuché.

– Espèce de crétin, tu ne peux pas faire attention ! a-t-elle crié.

L'Anglais qui descendait à toute allure et qui l'avait bousculée s'est arrêté. Il s'est excusé en lui serrant la main. J'ai cru voir leurs doigts s'emmêler. Une belle histoire d'amour était en train de naître sous mes yeux.

L'Anglais a écarté le blouson de ma copine et a tenté de déchiffrer ce qui était marqué sur son tee-shirt.

– « Même pas en rêve », a dit Malika.

Le garçon a fait mine de ne pas comprendre du tout.

– Rêve, dream. Difficult to explain, a-t-elle improvisé. French expression.

Le type ne lâchait pas le blouson de Malika. Je ne savais pas s'il fixait le texte pour essayer de traduire ou s'il tentait d'imaginer Malika sans son tee-shirt.

– C'est bien de faire connaissance avec des Anglais, a susurré Mme Durel qui descendait en coup de vent. Je vous laisse tranquilles.

– My name is Harry, a déclaré l'Anglais comme s'il avait compris ce qu'elle venait de dire.

– Harry ! Alors t'es un héros toi aussi ? a répliqué Malika qui ne peut pas s'empêcher de plaisanter, même dans les moments de grande émotion.

– Hiwo ? a-t-il répété sans comprendre, les sourcils froncés.

Et il a dévalé les marches et disparu. Visiblement, il n'avait pas saisi la référence à Harry Potter ou au prince Harry. Les Anglais ont-ils autant d'humour qu'on le dit ?

Charlotte était dans la cour, un magazine dans une main, une bouteille d'eau dans l'autre.

– T'étais passée où ? lui ai-je demandé. On te cherchait partout !

– J'ai pris l'autre chemin pour éviter le distributeur.

– Pourquoi ? Il est hors service ? a questionné Malika.

Charlotte a porté la bouteille à ses lèvres et a bu deux gorgées avant d'expliquer :

– C'est très dangereux les distributeurs quand on commence un régime.

– Tu commences un régime ! s'est étonnée Malika.

– Là, en Angleterre ? ai-je renchéri.

Se mettre au régime pendant un séjour linguistique, ça ne semblait pas être le meilleur moment.

– J'ai décidé de profiter de ce voyage pour changer de silhouette, a déclaré Charlotte. Je veux devenir comme elle.

Le sourire jusqu'aux oreilles, elle nous a montré son magazine avec un mannequin très mince en photo à côté de l'article : « Perdre 7 kg en 7 jours ». Fallait-il lui dire la vérité sur ces méthodes qui ne marchent jamais ?

– Sept jours, c'est exactement le temps qu'on passe à Londres, a-t-elle ajouté. J'ai commencé mon régime aujourd'hui et je le suivrai à la lettre jusqu'à notre retour à Paris.

– Donc tu t'es limitée à deux Snickers et une canette de Coca ce matin ? a lancé Antoine qui tentait une percée dans le comique.

Malika l'a crucifié du regard.

– Ne te moque pas, Antoine ! Tu n'imagines pas le calvaire que c'est de vouloir maigrir quand on est tenté partout dans notre société !

– Excuse-moi, je…

– Réfléchis un peu avant de parler.

– Je ne…

– Ce sont des êtres humains que tu as en face de toi.

Malika lui a tourné le dos pour changer de sujet et d'interlocuteur. J'avais envie de donner un petit conseil à Antoine : ne pas trop s'excuser avec Malika. Elle n'aime pas les garçons-paillassons.

– Bon, et ta famille, toujours aussi cool ? m'a-t-elle demandé.

J'aurais bien répondu la vérité à Malika à propos de ma famille qui n'était pas aussi sympa que je l'avais affirmé. Mais je n'en ai pas eu le temps. Ma copine a trouvé plus intéressant de passer en revue les élèves de la cour pour comparer le style anglais au style français.

Dommage, j'aurais eu beaucoup de choses à lui raconter à propos de Kelly qui était sans doute la plus bizarre de la famille. Elle m'observait sans arrêt. Quand je mangeais, quand je regardais la télé, quand je prenais ma trousse de toilette de mon sac, quand je rêvais allongée sur le lit. Elle était toujours dans le couloir quand je sortais des toilettes. Elle caressait mon écharpe du bout des doigts lorsqu'elle croyait que je ne la regardais pas. Elle m'attendait derrière la porte de la salle de bains où je m'enfermais pour mes rendez-vous avec Malika.

Ce soir-là, quand j'ai ouvert la fenêtre, j'ai tout de suite abordé un sujet qui m'intéressait particulièrement :

– Au fait Malika, et Harry ?

– La prochaine fois, ce serait bien qu'il ne déboule pas à deux cents à l'heure dans l'escalier. Il aurait pu me faire tomber ! Tu imagines si j'avais dû me faire rapatrier en France, le bras cassé, après une demi-journée d'Angleterre ?

Le sujet « Harry » me donnait tout naturellement l'occasion de parler de Rémy. J'avais besoin de son aide pour l'aborder. Toute seule, j'étais comme une cup of tea perdue sur la table, incapable de retrouver sa soucoupe.

Mais avant de prononcer un seul mot à son sujet, j'ai senti une présence derrière moi. Je me suis retournée.

– Kelly !

Elle m'a adressé un grand sourire et m'a montré son nouveau jean avec une bordure turquoise en bas comme le mien.

– Yes, it's the same jean, j'ai convenu.

– Tu as de la compagnie ? a demandé Malika.

– Non, non.

– Je te laisse, il faut que je libère la salle de bains. À demain !

Et elle a fermé la fenêtre.

J'ai maudit Kelly d'avoir écourté mon unique moment de réconfort de la soirée pour une histoire de jean. Ce n'est pas parce que je lui ai fait des compliments sur sa DS le premier jour que je vais m'extasier devant tout ce qu'elle me montre. Et puis j'ai assez de mon petit frère pour m'encombrer d'une gamine qui me regarde comme si J. K. Rowling en personne avait débarqué chez elle. Un autographe peut-être ?

Big Ben blues

Sous la houlette de Laura, on a envahi la boutique de souvenirs face à Big Ben et on s'est éparpillés dans les rayons comme des abeilles dans une usine de marmelade.

Préoccupée par Jessie et Rémy qui étaient dans l'autre groupe sur la pelouse de Big Ben, j'étais incapable de choisir un souvenir pour mon frère : une tirelire en forme de bus, de boîte aux lettres ou de cabine téléphonique ? Qu'est-ce qui lui ferait le plus plaisir ? Quel objet garderait-il précieusement sur sa table de nuit, comme symbole de notre fraternité ? Pour mon anniversaire, il avait été si gentil de m'offrir un chausson de danse en porcelaine avec son argent de poche.

– Encore cinq minutes, a clamé Laura, et on rejoint vos camarades.

Ils nous attendaient sur la pelouse de Big Ben pour le pique-nique. Même Charlotte était avec nous, elle qui en temps normal ne perd pas une minute pour se jeter sur son sandwich. Et si Charlotte était avec nous, Jessie était donc seule. Elle pouvait approcher Rémy en toute liberté. Je n'étais pas là pour lui jeter mon regard de glace par-dessus mes lunettes. Quand je m'étais rendu compte que Jessie restait avec Rémy, c'était trop tard. Malika s'éloignait déjà avec ceux qui allaient à la boutique faire des courses et je l'ai suivie à contrecœur.

Malika s'est emparée d'une casquette avec le drapeau anglais.

– Il faut faire quelque chose, a-t-elle déclaré. On ne peut pas laisser cette fille te piquer Rémy sous ton nez.

– Toi aussi, tu as remarqué ?

– Un peu oui ! Déjà dans le train, c'était flagrant.

Ça alors !

Malika avait l'œil partout, même quand ça ne la concernait pas et qu'elle se trouvait dix sièges plus loin, dans les bras de Nono.

– Ça fait bien ? m'a demandé Malika, la casquette enfoncée jusqu'aux oreilles.

– Un peu cloche, ai-je répondu pour qu'elle renonce à jouer la touriste pendant le reste du séjour.

– Donc ce sera très bien pour mon frère, a-t-elle répliqué en m'entraînant vers la caisse. Il collectionne les objets kitsch.

– On se dépêche de sortir du magasin, nous a ordonné Laura.

Mais Malika continuait à papoter. Moi aussi j'avais envie qu'on accélère. L'image de Jessie partageant son œuf dur avec Rémy me glaçait.

– Alors, qu'est-ce que je peux faire ? ai-je demandé.

Malika n'avait pas perdu le fil de la conversation : elle sait que lorsqu'il s'agit de mon sujet de prédilection, Rémy, je n'abandonne pas si vite.

– Tu vas la voir et tu lui dis : « Si tu t'approches encore une fois de Rémy, je te transforme en Big Ben Surprise. »

D'après Malika, quand on ressent une émotion on doit toujours la faire suivre d'une réaction. C'est un principe chez elle.

– Tu veux que je t'accompagne ? a-t-elle ajouté.

– Non non, je peux me débrouiller seule.

Me débrouiller surtout pour trouver une autre formule un peu moins hostile. Je ne tenais pas à déclencher la guerre avec Jessie.

Malika a payé la casquette et moi je suis sortie du magasin les mains vides.

Sur la pelouse de Big Ben, tout le monde profitait d'un rayon de soleil pour déjeuner. Antoine mangeait son sandwich debout devant une statue et parlait avec les profs.

– C'est *Les Bourgeois de Calais*, une statue de Rodin, vous vous rendez compte ? Elle a été achetée par l'Angleterre à la fin de la vie de Rodin pour être placée devant le Parlement. Il est même venu jusqu'ici pour l'inauguration.

Malika s'est arrêtée pour l'interroger :

– C'est qui Rodin ? Il a gagné la coupe du monde ? Les JO ? Un oscar ? Les Victoires de la musique ?

– C'était un sculpteur, tu ne le connais pas ?

– Non, je connais Gredin moi.

– Un sculpteur aussi ?

– Mon poisson rouge !

Puis elle s'est attardée pour lui demander plus d'infos sur le sculpteur comme si les connaissances d'Antoine la fascinaient tout à coup. C'était l'occasion rêvée pour moi de parler à Jessie.

Elle était assise sur un banc face à la Tamise devant Charlotte qui faisait des mouvements de gym. Après quelques secondes d'hésitation, je me suis assise à côté d'elle, j'ai croisé mes jambes et raclé ma gorge.

– Jessie, je voulais te dire deux mots.

Elle a retiré ses écouteurs. Malika nous a rejointes et s'est assise de l'autre côté de Jessie. Pourtant je lui avais bien dit que je pouvais me débrouiller seule. J'ai poursuivi :

– À propos de… Rémy.

– Oui ?

Malika a froncé les sourcils. Elle n'avait pas l'air de trouver ma méthode très convaincante, je l'ai fixée avec insistance pour qu'elle prenne la relève de l'interrogatoire.

– Pourquoi tu me regardes comme ça ? a-t-elle demandé. Il n'y a pas marqué Big Ben sur mon front !

Elle a pouffé de rire et elle est allée s'asseoir sur le muret qui borde la Tamise. Je me suis tournée vers Jessie :

– Il faudrait arrêter, si tu vois ce que je veux dire.

Jessie a froncé les sourcils. Elle n'avait pas l'air de saisir l'allusion, pas plus que Malika qui s'est retournée vers moi en m'envoyant des milliers de points d'interrogation télépathiques.

– Je ne comprends pas de quoi tu veux parler, s'est étonnée Jessie.

– Tu lui prêtes un écouteur dans le train, tu te débrouilles pour rester près de lui au pique-nique, tu le regardes dès que j'ai le dos tourné…

Elle m'a montré l'anneau accroché à sa chaîne et elle a soupiré :

– J'ai déjà un petit copain, il n'est pas dans notre collège et ça va très bien. Ton Rémy, tu peux te le garder.

Et elle m'a tourné le dos. Malika a essayé de rattraper la situation :

– Hum, je crois que Camille ne s'est pas bien exprimée. Elle se demande s'il faut qu'elle casse avec Rémy définitivement. Ce n'est pas clair entre eux, tu comprends. Elle te demande de l'aide. Elle sait que tu es de bon conseil.

– Vos histoires à un euro, je m'en fiche pas mal ! s'est exclamée Jessie en enfonçant ses écouteurs dans les oreilles.

Puis elle s'est levée pour rejoindre le groupe sur la pelouse.

Comment ça, mon histoire à un euro ?

On a laissé passer un bateau-mouche et Malika m'a lancé :

– Qu'est-ce qui t'a pris ? Tu veux t'embrouiller avec elle ?

– On avait bien dit qu'il fallait lui parler franchement, j'ai suivi tes conseils.

– Parler franchement à Jessie ? Tu roules à gauche ou quoi ? Elle ne t'a rien fait, Jessie, je ne t'ai jamais dit de lui parler. C'est Priscilla qu'il faut dégommer.

– Quoi ?

Priscilla ! Une quatrième de la classe de Rémy ! Toujours habillée à la dernière mode, classe et sexy !

– Retourne-toi, a murmuré Malika. Discrètement.

Priscilla était assise à côté de Rémy sur la pelouse. Ses longues boucles d'oreilles dorées gigotaient dans tous les sens dès qu'elle bougeait la tête et ses bracelets scintillaient au soleil. Son genou effleurait celui de Rémy. Il ne se rendait pas compte qu'il était à côté d'un champ de ronces et qu'il allait se faire égratigner.

Il riait comme un imbécile. Je ne l'avais jamais fait rire de cette façon. Il a débouché une bouteille de Coca qui a explosé entre ses mains et s'est répandue sur le pantalon de Priscilla. Elle s'est levée en hurlant de rire.

– Je suis trempée ! Trem-pée !

Tous les yeux se sont tournés vers eux. Même les profs ont souri. Moi non. Quel spectacle affligeant ! Rémy a pris sa serviette en papier et a tenté d'éponger le Coca sur les cuisses de Priscilla.

– Tu as l'air bête ! Très bête ! a ajouté Malika en singeant Priscilla.

Était-il possible que je n'aie pas vu plus tôt que Priscilla cherchait à sortir avec mon Rémy ? En dix minutes au pied de Big Ben, j'avais changé de cible. Jessie était innocente et Priscilla était devenue ma pire ennemie.

– À zigouiller, ai-je déclaré avec assurance.

Mes lunettes se sont transformées en mitraillettes de haute précision. Je n'avais plus qu'à appuyer sur la gâchette pour faire sauter Priscilla en éclats.

Notre quartier libre de cet après-midi à Trafalgar Square allait être l'occasion d'un règlement de compte sanglant. Finies les méthodes pacifiques. Cette fois, c'était la guerre.

Une petite vacherie sympa

– Il va falloir sortir le comparomètre, a déclaré Malika comme on déambulait dans les rues de Trafalgar Square.

– Le comparomètre ?

– L'appareil qui sert à mesurer les atouts et les points faibles de chacune de vous deux, pour savoir qui aura l'avantage avec Rémy. On fait deux colonnes, points forts et points…

– Pas la peine de faire des listes. Rémy est assez grand pour choisir.

– Quoi ? Tu ne vas pas baisser les bras ! Il faut se battre Caillou, sinon tu n'arriveras à rien dans la vie. Priscilla drague tous les garçons de la terre et Rémy en particulier. Elle remue du soutif, roule du slim et papillote des cils. Elle te nargue et tu ne lèves pas le petit doigt !

Je suis restée muette.

– Si tu ne réagis pas, je vais le faire à ta place !

Malika s'est figée d'un coup.

– Ne bouge pas, elle arrive, a-t-elle soufflé en faisant mine d'être captivée par la vitrine d'en face. Queen Priscilla the First en personne et son vigile.

En effet, Priscilla et Ophélie se dirigeaient tranquillement vers nous. Arrivée à notre niveau, Priscilla a dit à sa copine :

– On va retrouver Rémy et Nono ? On a rendez-vous à la demie.

En entendant cette réplique, j'ai cru que j'allais éclater en sanglots.

– On les suit, a déclaré Malika. Quand elles seront avec Rémy, on improvisera un truc pour leur mettre la honte de leur vie. Je fais semblant de trébucher et j'écrase le pied de Priscilla, je lui dis qu'un tampon vient de tomber de son sac… On trouvera bien une petite vacherie sympa.

– Je te fais confiance.

– Elles approchent. Ne te retourne pas. Elles ne nous ont pas vues. Super. Ça y est, elles nous ont doublées. Go !

La filature pouvait commencer. Il ne fallait surtout pas les perdre de vue. Mais Malika s'est immobilisée en sentant un parfum bien connu. Sephora et Littlebit se tenaient en face de nous, souriants.

– Oh oh ! s'est exclamée Malika d'un air entendu en me pinçant le bras.

– Alors les filles, vous faites une petite pause ? a demandé Sephora d'une voix gentille.

– On repartait se promener à l'instant, ai-je répondu.

– Vous verrez, de ce côté il y a des petites rues charmantes et très calmes, a dit Littlebit.

– Très intéressant, a lancé Malika en me pinçant à nouveau le bras.

– Et si vous allez par là, a continué Sephora, vous tomberez sur une grande place sur laquelle il y a un musée magnifique, je vous le conseille.

– L'entrée est libre en plus, a ajouté Littlebit. Vous pouvez y passer juste dix minutes, par curiosité.

L'information aurait intéressé Antoine mais il n'était pas dans les parages. Priscilla et son garde du corps s'éloignaient au bout de la rue. Il fallait absolument interrompre la conversation.

Malika s'est approchée de Sephora en inspirant par le nez et s'est soudain exclamée :

– Votre parfum, c'est Cacharel !

Elle relançait la conversation au lieu de dire merci-au revoir ? On avait tout le séjour pour lui demander le nom de son parfum.

– Malika, j'ai très envie d'aller voir ce musée, l'ai-je coupée. On y va ?

– Maintenant ?

– On ne traîne pas, sinon on n'aura pas le temps de faire tout ce qu'on voulait. Tout ce qu'on voulait, ai-je insisté.

Malika a enfin compris. On a quitté Sephora et Littlebit et on a couru pour rattraper Priscilla et son vigile.

– Ce n'est pas la bonne direction ! a lancé Sephora.

– On s'en fiche ! ai-je marmonné.

– Dommage, je crois que j'avais trouvé son parfum, a soufflé Malika. Et en plus on était en pleine discussion-révélations. Encore cinq minutes et on avait le scoop du siècle sur leur love story.

On a foncé droit devant sans se retourner.

À l'angle de la rue, on a ralenti et on a repris notre souffle. Priscilla et Ophélie flânaient devant les vitrines.

– Roule pas du cul, la route est droite, a murmuré Malika en pensant me détendre.

Mais imaginer Priscilla et Rémy ensemble tous les jours en classe me crispait tellement que j'étais incapable de rire. Malika a ajouté :

– Rémy se laisse vraiment embobiner par n'importe qui.

Priscilla n'était pas n'importe qui : c'était une fille très mignonne qui plaisait à tous les garçons de quatrième.

– Comment ça très mignonne ? a demandé Malika qui lisait dans mes pensées. Je suis sûre qu'elle s'est fait refaire les seins. C'est impossible des seins pareils à quatorze ans !

– Une opération chirurgicale pour se faire refaire les seins à son âge, tu crois ?

– C'est bien le genre de fille à demander ce genre de cadeau pour son anniversaire !

– Pour quoi faire ?

– À ton avis ? Pour mieux flotter à la piscine peut-être…

À cet instant, Priscilla et Ophélie se sont tournées dans notre direction. Malika m'a propulsée dans une cabine téléphonique.

– C'est bon. Elles ne nous ont pas vues.

J'ai soupiré de soulagement. Mais aussitôt quelqu'un a frappé à la vitre. J'ai tressailli en m'agrippant à Malika.

– Je vous ai vues !

C'était Charlotte, toute contente de tomber sur nous.

– Coucou les filles ! Vous savez où sont les autres ?

On a fait comme si on ne la voyait pas.

– Oh oh vous m'entendez ? a-t-elle hurlé. Camille ! Malika ! Vous savez où sont les autres ?

Charlotte criait si fort que Priscilla et Ophélie allaient nous repérer. J'ai ouvert la porte et Malika s'est écriée :

– Charloooootte ! Qu'est-ce que tu fais là ? Viens, on va marcher un peu !

– Ah oui, ça me fera du bien.

– Elles vont nous voir ! ai-je répliqué.

– On a un alibi, a rétorqué Malika. On ne suit personne, on promène notre copine Charlotte.

– Et Jessie, elle est où ? ai-je demandé.

– Au magasin de disques. Elle m'a dit qu'elle en avait pour cinq minutes et puis elle m'a oubliée. J'en ai eu assez de l'attendre, alors je suis partie.

L'idée de Malika a bien fonctionné. On est arrivées à un mètre de Priscilla et Ophélie. Elles nous ont vues et on a continué à marcher l'air de rien.

– On continue à les suivre ? ai-je soufflé à son oreille.

– Mais bien sûr, on continue ! s'est-elle écriée.

– On suit qui ? a demandé Charlotte.

– Personne, personne, ai-je répondu.

– Camille a entendu que Priscilla avait rendez-vous avec Rémy, a expliqué Malika. Si je ne la retenais pas, elle lui sauterait à la gorge tellement elle est jalouse. C'est une tigresse, tu n'avais pas remarqué ?

Moi en tigresse, ça m'a fait rire. Charlotte s'est tournée vers moi et m'a regardée comme si j'avais des cheveux verts dressés sur la tête en crête, une épingle à nourrice dans l'oreille et une bière dans chaque main.

– Arrête de penser à lui maintenant ! s'est exclamée Malika. Regarde le bon côté de la vie. Il y a des choses plus graves qui se passent dans le monde. Pas vrai Charlotte ? La guerre, la famine...

– Oui, Malika a raison, a approuvé Charlotte, la jalousie ce n'est pas bon pour le moral.

En la voyant se diriger vers une boutique de cosmétiques, j'ai bien compris que la filature s'arrêtait là. Elle voulait vérifier son hypothèse à propos du parfum de Sephora.

SOS, copine en détresse

Faire du shopping avec Charlotte, c'est ne pas avoir peur du ridicule. Dans le magasin de cosmétiques, elle s'est jetée sur le rayon rouges à lèvres et a soulevé frénétiquement les bouchons les uns après les autres pour les renifler. Le vigile nous a lancé un coup d'œil qui voulait dire : « Vous les petites Françaises, je vous ai à l'œil. »

Mais le message que Mme Durel nous avait fait passer dans l'Eurostar était bien imprimé : ne pas voler dans un magasin. Charlotte s'est figée, les yeux à moitié clos, un brillant incolore sous le nez.

– Hum, quel délice ! s'est-elle exclamée. Ça sent quoi déjà ?

J'ai mis mon nez au-dessus et j'ai dit :

– La fraise Tagada.

– Oui, c'est ça. Exactement. J'avais oublié l'odeur de la fraise Tagada, vous vous rendez compte !

Elle a inspiré profondément. Le vigile s'est avancé vers nous.

– Tu ne t'en mets pas sur les lèvres, il faut le payer avant, a marmonné Malika.

– Oui oui.

– Le type du magasin nous regarde bizarre. Il croit qu'on va partir en courant avec son rouge à lèvres dix fois trop cher pour nous. Tu ne délires pas surtout, je n'ai pas envie de me retrouver à la frontière.

Charlotte a fermé les paupières et a approché le tube de sa bouche. Malika s'est précipitée pour lui retirer le tube des mains et s'est exclamée à moitié morte de rire :

– Tu n'allais pas le manger quand même !

Étonnée, Charlotte a ouvert les yeux en papillonnant.

– Qu'est-ce qu'il y a ? Qu'est-ce que j'ai fait ?

Puis elle s'est examinée dans la glace et elle nous a interrogées :

– Vous ne trouvez pas que j'ai quelque chose de changé ?

On l'a décortiquée de la tête aux pieds.

– Tu as de nouvelles shoes ? a demandé Malika.

Charlotte a secoué la tête.

– Tu es pâle, ai-je lancé.

– Oui, très pâle. En plus tu as les lèvres sèches et les yeux fatigués, a renchéri Malika. Tu es malade ?

– Tu déprimes dans ta famille d'accueil ? Tes parents te manquent ? Un problème avec Jessie ?

Elle a scruté son visage dans le miroir en rentrant légèrement ses joues.

– J'ai maigri, non ? a suggéré Charlotte.

– Mais tu n'es pas grosse, ai-je répliqué. Pas grosse du tout, hein Malika ?

– Tu mens très mal, Camille. Je sais ce que tu penses, ce que tout le monde pense. Alors vous me trouvez comment depuis que j'ai commencé mon régime ?

– Bien, vraiment très bien, me suis-je rattrapée. Tu as maigri, surtout sur les côtés.

– Maintenant que tu le dis, c'est vrai, a ajouté Malika. Fais voir, tourne.

Charlotte a tourné sur elle-même et elle nous a dit :

– C'est plus facile de suivre un régime loin de mes parents. Je...

Le tour qu'elle venait d'effectuer sur elle-même pour nous faire admirer sa nouvelle taille a eu un drôle d'effet.

Elle s'est mise à vaciller d'avant en arrière et ses yeux ont virevolté dans tous les sens.

– J'ai la tête qui tourne, a-t-elle marmonné.

– Moi aussi, avec toutes ces odeurs de parfum, a déclaré Malika.

Le vigile a froncé les sourcils. Est-ce qu'il avait compris la remarque de Malika ? Ou bien s'inquiétait-il à propos de Charlotte qui menaçait de s'écrouler dans ses produits de beauté et de lui donner du rangement pour une semaine ?

On a eu le même réflexe, Malika et moi. On l'a prise chacune sous un bras et on est sorties du magasin aux odeurs étouffantes. Il n'aurait plus manqué que le vigile appelle le commissariat et qu'on passe notre quartier libre à leur expliquer la situation avec notre pauvre anglais de cinquième.

Charlotte avançait comme si elle venait de passer une heure sur une balançoire à enchaîner les tourniquets. Ses joues étaient couleur Malabar à la menthe.

Malika lui a ordonné :

– Respire à fond. Tout va bien se passer, on est là.

Je lui ai serré la main pour l'encourager.

Charlotte s'est lancée dans une inspiration interminable et quand ses poumons ont été pleins, au lieu d'expirer normalement, elle est devenue grise et elle s'est écroulée à nos pieds sans qu'on puisse la retenir.

– Elle n'a pas perdu tant de poids que ça, a murmuré Malika. Comment ça se fait qu'elle soit dans cet état ?

– Il faut prévenir les profs, la police, ai-je bredouillé, les lunettes tremblantes. Où sont les autres ?

Je commençais à paniquer sérieusement. Et le vigile ne lèverait certainement pas le petit doigt pour nous aider maintenant qu'on n'était plus dans ses locaux.

J'ai regardé dans la rue pour voir si une ambulance ne passait pas. Rien. Mais il n'y a pas de caméra dans les rues de Londres ? Les ambulances ne sont pas prévenues par un signal d'alarme dès qu'un corps tombe à terre dans un lieu public ? C'est quoi cette ville ? La capitale d'un pays développé ? On peut mourir sur un coin de trottoir sans que personne ne réagisse !

Urgences story

Mon état de panique était à son comble lorsque j'ai aperçu Rémy et Nono se diriger vers nous. Nos sauveurs ! J'ai fait de grands gestes des bras. Ils ont accéléré le pas tels de véritables secouristes en patrouille dans Trafalgar Square. Rémy a jeté son sac par terre et s'est accroupi à côté de Charlotte. Un minimum de mots, des gestes précis, un vrai pro du secourisme. Je lui découvrais chaque jour de nouvelles qualités.

– Qu'est-ce qui s'est passé ? a-t-il demandé.

– On ne sait pas exactement, c'est le mélange des odeurs de parfum tout à l'heure dans le magasin, ai-je dit.

– Ou le rouge à lèvres, a ajouté Malika.

– Ou le vigile qui l'a impressionnée.

– Ou le choc quand elle a découvert son nouveau corps dans la glace.

Rémy a froncé les sourcils. J'ai cru voir une caméra zoomer sur son visage pour mieux capter le sentiment d'incompréhension de ce pro face à des filles perturbées par un trop-plein d'émotions. Il a saisi le poignet de Charlotte afin de lui prendre le pouls.

Par pudeur, il n'a pas osé mettre sa main sur sa poitrine pour avoir les battements de son cœur en direct.

– Alors ?

– Son pouls bat. Elle est juste évanouie.

Nono a soulevé les jambes de Charlotte et Malika a agité une feuille de publicité au-dessus de sa figure pour lui faire de l'air. En véritable médecin-chef, Rémy a ordonné :

– De l'eau.

– De l'eau, s'il te plaît, a précisé Malika en tendant la main vers moi.

En bonne petite infirmière docile, j'ai sorti ma bouteille pendant que Rémy tapotait les joues de Charlotte et je la lui ai tendue. Il l'a prise et l'a débouchée illico.

– Merci, a insisté Malika.

Mais Rémy n'écoutait pas ses remarques, il se concentrait sur sa patiente. Il a enchaîné :

– Kleenex.

J'ai rouvert mon sac pour sortir une serviette en papier. Malika m'a fait de gros yeux pour que j'arrête de lui obéir tant qu'il n'aurait pas appris les bases de la politesse. Je lui ai répondu par un regard qui signalait : la politesse on s'en fiche, il y a urgence, c'est dans les premières secondes qu'on sauve la vie de quelqu'un.

– Ça ira ? ai-je demandé à Rémy.

Il s'est mordu la lèvre inférieure en guise de réponse. J'ai cru voir le clap de fin de l'épisode où le médecin-chef lui-même a des doutes sur le sort de la malade.

Seulement on n'était pas dans une série. Charlotte était réellement étendue sur un trottoir de Londres et il fallait agir. Rémy a imbibé la serviette d'eau et l'a appliquée sur le front de Charlotte, sur ses joues, dans son cou. Antoine est arrivé à cet instant mais il est resté discret de peur que Malika lui assène une nouvelle remarque coup de poing.

– Qu'est-ce qu'elle a ? ai-je demandé à Rémy, persuadée qu'il détenait une réponse de spécialiste qu'il gardait secrète. On discutait tranquillement et pouf, elle est tombée par terre ! J'espère que ce n'est pas grave.

– Elle est fatiguée en ce moment ? a interrogé Rémy sans arrêter son geste d'hydratation. Perturbée par le voyage ? Par le changement d'alimentation ? Elle fait des allergies ? Elle suit un traitement ?

– Je ne sais pas.

Il restait l'œil rivé sur la malade. Ses questions m'ont presque rassurée. Puisqu'il avait pris le temps de les poser, c'est qu'il avait bon espoir que Charlotte se rétablisse. Chez Malika, elles ont eu l'effet contraire. Elle a cru que l'évanouissement de Charlotte était le symptôme d'une maladie gravissime.

– Il faut trouver les profs, a déclaré ma copine, téléphoner à ses parents, appeler l'ambassade... Et toi Antoine, tu ne peux pas retirer tes mains de tes poches ? On n'est pas devant la statue de Rodin, là ! Ni devant un manuel de première année de médecine ! C'est la vraie vie, bouge-toi !

Antoine a retiré ses mains de ses poches sans savoir exactement quoi en faire.

– Pas de panique, a déclaré Rémy. Dans deux minutes, elle va retrouver ses esprits.

Il a consulté sa montre et a déclenché le chronomètre.

– Elle peut avoir des séquelles ! s'est écriée Malika. Vous imaginez si elle devient amnésique ou si elle ne peut plus marcher ?

Rémy avait toujours l'œil rivé sur sa montre multifonctions. La porte du magasin s'est ouverte et le vigile est sorti. Il a proféré une phrase en anglais qu'on n'a pas comprise.

– Il ne va pas nous faire la leçon parce qu'on est devant sa porte celui-là, a protesté Malika. Il voit bien qu'on a une malade.

Rémy s'est tourné vers le vigile et, dans un anglais impeccable, il a déclaré :

– It's OK !

En plus, notre médecin-chef était bilingue ! Le vigile a aussitôt regagné son magasin.

It's OK, vraiment ? Rémy était optimiste. Les secondes s'écoulaient et Charlotte ne se réveillait pas.

Avec ses mains qui ne savaient pas quoi faire, Antoine a ouvert le sac de Charlotte. Malika a immédiatement endossé son rôle de protectrice des copines en situation de faiblesse.

– Tu fouilles dans les sacs des filles, maintenant ! s'est-elle insurgée.

– Oui, mes mains s'ennuient quand elles ne sont plus dans leurs poches, a répliqué Antoine d'un ton sec.

Malika l'a regardé bouche bée. Quoi, Antoine ne s'écrasait pas devant elle ?

Une odeur de sandwich au poulet et à l'œuf dur s'est échappée du sac et a failli me transformer en Charlotte numéro deux. C'est à ce moment-là que notre malade a bougé un doigt puis les autres. Elle a ouvert un œil, les deux yeux, et elle a marmonné comme si elle prononçait son dernier soupir :

– J'ai faim !

– 1'56'' ! s'est exclamé Rémy en appuyant fièrement sur le bouton d'arrêt de son chrono. Qu'est-ce que j'avais dit ?

Antoine a vite déballé le sandwich et l'a tendu à Charlotte. Elle s'est ruée dessus.

– Je n'ai pas mangé depuis hier soir, a-t-elle expliqué.

– Depuis hier soir ! s'est exclamée Malika. Tu es cinglée ma pauvre !

– Régime, régime. J'en profite, mes parents ne sont pas là.

– Maintenant tu manges à tous les repas. Il n'est pas question que tu nous refasses une peur pareille ! ai-je grondé.

Charlotte nous a regardés les uns après les autres avec le léger sourire de celle qui pense : « Alors comme ça, vous avez eu peur pour moi ? »

Jessie est arrivée, paniquée.

– Je te cherchais partout, tu ne m'as pas attendue ?

Charlotte ne pouvait pas répondre. Elle dévorait son sandwich. Antoine s'est relevé et il a demandé à Malika :

– Je peux les remettre ?

– Quoi donc ?

– Mes mains... Je peux les remettre dans mes poches ?

Malika a souri et elle a dit :

– Tu vois, j'avais raison. Si tu ne les avais pas retirées, tu n'aurais jamais fouillé dans le sac de Charlotte. Tu n'aurais pas sorti son sandwich et elle n'aurait pas été réveillée par l'odeur. J'ai bien fait de te secouer, finalement !

Antoine a hoché la tête et s'est éloigné sans un mot. Malika l'a suivi du regard.

Charlotte avait retrouvé des couleurs normales, plutôt Malabar rose. Qui remercier ? Rémy ou Antoine ? Les deux, sans doute.

Le quartier libre touchait à sa fin. On s'est dirigés vers le lieu de rendez-vous. Rémy marchait à côté de moi sans rien dire. Il tripotait les boutons de sa montre-chrono. Qu'est-ce qu'il calculait ? Le nombre de secondes qu'il lui restait d'ici la fin du séjour pour ressortir avec moi ? Ou bien essayait-il de capter la fréquence des battements de mon cœur ?

Princesse Camille

Quand j'ai ouvert la porte de la maison des Berkson, Scooby-Doo s'est précipité vers moi en aboyant. Horreur ! Personne n'était là pour le retenir. Ses maîtres l'avaient dressé pour protéger la maison, il allait me dévorer toute crue. Des gouttes de transpiration ont perlé sur mon front.

– Doucement Scooby-Doo, du calme, c'est moi Camille, la Française.

Il ne se calmait pas, au contraire. Il ne comprenait peut-être que l'anglais.

– Stop you, j'ai dit d'une voix ferme.

Il a collé ses pattes sur mon pantalon et s'est mis à sauter dans tous les sens en reconnaissant mon odeur. Il avait peut-être cru que « Stop you » prononcé à la française signifiait : « OK, je t'emmène promener au parc et tu vas courir après le bâton. »

Je me suis glissée dans la chambre et je lui ai donné le premier objet qui me tombait sous la main : ma brosse. Puis j'ai fermé la porte et il est resté dans le couloir à jouer avec.

J'ai sorti mon sac que j'avais rangé sous mon lit. La fermeture était ouverte.

Qui avait touché à mes affaires pendant mon absence ? Pourtant, tout était en ordre. L'argent était là, dans ma paire de chaussettes roses. J'ai pris un billet de dix livres et je suis partie rejoindre Malika.

Quand Mme Barber m'a ouvert sa porte, j'ai compris à l'odeur de propre qui régnait qu'il ne fallait pas poser un pied dans la maison sans avoir retiré ses chaussures. Elle a essayé d'entamer une discussion sur la famille qui m'accueillait.

Mais elle en a eu vite assez de répéter quatre fois une phrase et que je réponde yes yes bêtement. Elle a fait une réflexion que j'ai parfaitement comprise. « Je croyais que tout le monde savait parler anglais au XXIe siècle. » Et elle nous a laissées tranquilles.

J'ai suivi Malika dans le salon où le mari lisait son journal. Il a tenté de nous entretenir de politique internationale mais il s'est vite lassé de nos yes yes et il s'est replongé dans son article.

J'ai donné discrètement le billet de dix livres à Malika.

– Je te les rendrai très vite, Caillou. C'est parce qu'on retourne à Londres demain avec papy et mamie. Tu me connais, si je n'ai pas d'argent sur moi, je vais me sentir mal. Charlotte s'évanouit si elle n'a pas son sandwich dans le ventre, moi je m'évanouis si je n'ai pas d'argent dans mon porte-monnaie ! Au fait, quoi de neuf chez les Berkson ?

– Quelqu'un a touché à mon sac. Je l'avais fermé ce matin et je l'ai retrouvé ouvert.

– Tout y est ? a demandé Malika. On ne t'a pas piqué d'argent ?

– Non.

– Bon, tout va bien alors.

– Mais Kelly est bizarre.

– Celle qui a des taches de rousseur et ses cheveux dans la figure ? Elle a l'air super sympa. On se demande ce qu'elle fait dans une famille pareille.

– Super sympa ? Elle m'espionne, elle me colle et elle fouille dans mes affaires ! Je vais prévenir les profs, ils vont me changer de famille.

– Pas facile d'être l'idole de quelqu'un !

– L'idole ?

– Assume, Caillou ! Elle t'adore, elle t'admire. Tu paries combien qu'avant la fin du séjour elle te demandera une photo, un autographe et ton adresse pour t'écrire ? Elle a juste regardé la couleur de tes tee-shirts et la forme de tes soutiens-gorge, tu ne vas pas en faire un cake ! Elle t'aime, savoure le moment. Si on devait compter les gens qui vous aiment dans une vie, on aurait assez de nos deux mains.

– Mais je n'ai rien fait d'extraordinaire ! J'ai plutôt l'impression d'être un ovni dans la famille Berkson.

– Justement ! Pour elle, tu es une princesse. Les Anglais croient aux princesses et aux reines. Ils en ont plein dans leur pays. Ils leur mettent des couronnes sur la tête et ils les promènent en carrosse !

– C'est ridicule.

Je n'ai pas pu m'empêcher de m'imaginer portant une couronne, une robe longue de princesse, des bijoux étincelants tandis que Kelly s'inclinait devant moi en une profonde révérence.

– Tu es Peter Pan en fille, a renchéri Malika. Tu viens d'un pays imaginaire qu'elle n'a jamais vu. Tu représentes la seule fenêtre ouverte sur un monde meilleur.

– N'exagère pas.

– J'ai toujours rêvé d'être le modèle de quelqu'un. Une grande sœur ! Une star !

– Pas moi, c'est dérangeant quelqu'un qui t'aime trop.

– Toi aussi, tu as besoin de gens que tu admires et qui te font rêver, avoue. On est tous pareils.

Malika avait peut-être raison, on a tous besoin de modèles. J'ai avalé ma tasse de thé et je suis partie. En traversant le couloir, je me suis sentie plus légère et plus jolie. Dans le miroir, j'ai remarqué que les petits diamants à mes oreilles étaient particulièrement étincelants. J'ai passé mes doigts dans mes cheveux pour leur redonner du volume.

– Mais oui tu es belle, ma princesse ! s'est exclamée Malika. Demain je viens te chercher en carrosse à huit heures.

J'ai rigolé et je suis sortie.

J'ai fait le tour du pâté de maisons pour réfléchir avant de rentrer chez les Berkson. Quelle fille odieuse j'avais été avec Kelly ! Comment me rattraper ? J'ai soudain été prise d'une angoisse terrible. Je devais faire quelque chose pour elle, j'étais la seule à pouvoir la sortir de cette famille. Appeler mes parents pour leur demander conseil ? Prévenir le prof d'anglais ? Inviter Kelly à passer les grandes vacances chez moi ?

Quand je suis arrivée, ils étaient tous dans le salon. Je ne les avais jamais vus aussi calmes. Kelly se cachait derrière sa frange, sa sœur agrandissait un trou dans le canapé, le père avait l'œil fixé sur la télé éteinte, la mère se grattait le bras, les frères regardaient leurs chaussures. Il ne manquait que Scooby-Doo. Que se passait-il ? On aurait cru une veillée funèbre. C'était ça, Scooby-Doo était mort ! Quelle idée j'avais eue de lui laisser ma brosse. Il s'était sûrement étouffé avec le manche !

L'objet du délit reposait sur la table basse. Le manche était déchiqueté et les pics arrachés. La mère a dit quelques mots. J'ai répondu yes yes, l'air peinée moi aussi. Kelly a éclaté en sanglots. J'avais envie de la prendre dans mes bras en pleurant, moi aussi, et en lui disant : « Excuse me. »

Soudain, j'ai entendu un aboiement sous la table basse. Scooby-Doo ! Il était vivant ! Il m'a sauté dessus et m'a léché la main. J'étais si contente de le voir que je l'ai serré dans mes bras et l'ai embrassé sur le museau.

La mère s'est excusée pour Scooby-Doo. J'ai souri. Ce n'était qu'une brosse, il n'y avait pas mort de chien, c'était le principal. Tout le monde a retrouvé le sourire et le volume sonore est revenu à la normale.

Dans la chambre, je me suis installée à côté de Kelly et je lui ai demandé de me prêter une Barbie. On a joué pendant une heure. J'avais monté les miennes au grenier depuis longtemps et je ne pensais pas retrouver ce jeu avec autant de plaisir.

On a passé la soirée ensemble, je lui ai appris des mots de français, elle m'a appris des mots d'anglais et on a fait des pancakes. Je lui ai même parlé de mon secret, celui que je n'ai dévoilé à personne, à part à Malika, ma meilleure amie. Je lui ai parlé de Rémy. Elle a tout su de lui.

Harry Ploteur

Le lendemain on a passé une partie de la matinée à compléter des phrases avec des tags : John is in America, isn't he ? Vanessa likes tennis, doesn't she ?

En sortant du cours, on a aperçu un groupe d'élèves anglais réunis dans une salle autour d'un garçon qui terminait un tour de cartes. C'était Harry ! Notre curiosité nous a poussées à jeter un œil par l'entrebâillement. Voilà une bonne occasion de parler. Une bonne occasion aussi pour que Malika fasse connaissance avec Harry et, qui sait...

Mme Durel est passée près de nous et nous a demandé :

– Vous viendrez à la piscine cet après-midi ?

– Oui, oui, a répondu Malika en m'entraînant dans la salle pour échapper à la prof.

Quand on est entrées, Harry s'est tourné vers nous.

– Tiens, c'est notre ami qui fait tomber les filles dans les escaliers ! a lancé Malika en désignant Harry.

Je la sentais prête à faire de cette rencontre un moment inoubliable.

– Je n'avais pas remarqué qu'il avait un nez aussi tordu la première fois qu'on l'a vu, a-t-elle ajouté.

Malika ne peut pas s'empêcher d'examiner le nez des gens.

Il nous a fait signe d'approcher. Il a battu les cartes, a proposé en anglais à Malika d'en choisir une au hasard, de la regarder discrètement et de la ranger dans le tas sans qu'il la voie. La dame de cœur. Il a battu de nouveau les cartes d'un air décontracté et nous a posé des questions à propos de la tour Eiffel et de Montmartre.

Il a étalé les cartes et il a retrouvé du premier coup… la dame de cœur !

Malika a applaudi.

– Very good, a-t-elle déclaré.

Il a souri, a débité quelques phrases dans sa langue et a enchaîné avec un autre tour. Malika ponctuait sa démonstration par des flatteries : « Il est bluffant », « Des tours d'enfer », « Comment fait-il ? ». À la fin du deuxième tour, elle s'est exclamée :

– C'est Harry Potter, ma parole ! Je ne m'étais pas trompée.

J'étais contente de voir qu'un garçon lui plaisait. Mais elle a changé radicalement de ton en faisant sa grimace préférée pour ajouter :

– J'ai horreur des mecs qui jouent aux malins pour épater la galerie et qui ne montrent pas les ficelles de leurs tours tant qu'on ne sort pas avec eux.

– Les magiciens ne dévoilent jamais leurs tours, c'est un principe, ai-je précisé.

– Tout ça pour être entourés de nanas qui bavent d'admiration ! Moi, les obsédés…

– Pourquoi tu dis ça ?

– T'as pas remarqué comment il reluquait mes seins la dernière fois ?

– Il essayait de lire ce qui était écrit sur ton tee-shirt.

– Moi ce que j'ai compris, c'est qu'il me déshabillait des yeux comme un gros pervers. J'avais l'impression d'être complètement nue au milieu de l'internat ! Je n'ai jamais eu aussi honte de ma vie.

D'après Malika, les mecs sont tous plus obsédés les uns que les autres.

Harry expliquait son tour de magie et Malika ponctuait la conversation avec des petites phrases assassines du genre : « C'est ça Harry Potter, tu vas bientôt sortir ton balai et t'envoler » ou « Allez Harry Potter, descends de ton balai ». L'autre souriait, pensant qu'on l'encourageait, puis il a passé fièrement le paquet de cartes à un de ses copains, James.

– Ils ont des cours de magie dans les écoles anglaises ou quoi ? a demandé Malika. Ils vont nous faire des démonstrations les uns après les autres ?

– Arrête, c'est super sympa !

Et puis c'était l'occasion pour qu'elle se rapproche de Harry. Je l'aiderais à faire la conversation. Et au moment venu, je m'éclipserais pour les laisser seuls.

À l'instant le plus troublant du tour de magie, j'ai senti quelque chose me parcourir le dos. J'ai tourné la tête. Harry était derrière moi, mais il semblait suivre attentivement le tour de son copain. Sans doute avait-il tenté de se rapprocher pour mieux voir. Sentant mon regard sur lui, il a reculé d'un pas. Et si Malika avait raison ? Si c'était vraiment un pervers ?

On applaudissait le numéro de James quand, soudain, Malika s'est retournée d'un bond et a crié, des piques plein les yeux :

– C'est qui le psychopathe qui me touche les fesses ?

Elle a fixé Harry Potter droit dans les yeux. Il a viré au rouge en deux secondes.

Rémy et Nono qui passaient dans le couloir à cet instant se sont approchés.

– Il y a un problème, les filles ? a demandé Nono.

– Il m'a touchée ! On a une réputation, les Françaises, ça fait peur ! s'est écriée Malika.

– Calme ta joie pauvre type, a grogné Nono. Tu te crois où ?

– Pas de problèmes, Camille ? s'est inquiété Rémy.

J'ai nié pour ne pas envenimer la situation mais je mens très mal.

Et si Malika n'a rien deviné, Rémy a lu la vérité dans mes yeux. Il a jeté un regard furieux à Harry Potter, l'air de dire qu'il n'avait pas intérêt à se trouver sur son passage.

Une fois dans le couloir, Malika a déclaré :

– Quel obsédé ! C'est pas Harry Potter qu'il faut l'appeler, c'est Harry Ploteur !

Elle a éclaté de rire. Moi j'étais consternée. Je m'en voulais de ne pas avoir réagi. Après tout, Harry Ploteur m'avait touchée moi aussi !

– Harry Ploteur, ai-je répété tout bas, tu vas me le payer !

J'ai fait demi-tour, je suis entrée dans la salle, je me suis dirigée vers lui, je lui ai mis une claque dans la figure devant tout le monde et j'ai rejoint Malika.

– Qu'il n'essaie pas de recommencer ! me suis-je exclamée.

On est descendues dans la cour, entourées par Nono et Rémy, nos gardes du corps. J'avais l'impression qu'ils avaient grandi de vingt centimètres depuis qu'ils avaient pris en charge notre protection.

On a croisé Antoine qui n'a même pas essayé de nous aborder. Cette fois, je l'aurais envoyé promener. Avec Rémy à côté de moi, je ne me serais pas gênée.

Leçons d'amour cru

Rémy longeait le grand bassin d'un pas martial, les mains sur les hanches. J'ai d'abord cru que c'était le maître nageur, forcément sans mes lunettes, je ne distingue pas grand-chose. Puis il a plongé, il a traversé le bassin en trois battements de crawl et il est remonté de notre côté à la force des bras. Mes yeux se sont transformés en jumelles de haute précision et je l'ai enfin reconnu.

– T'es pas discrète ! s'est exclamée Malika.

– Moi ? Pourquoi ?

– Tu veux mon appareil photo ?

Rémy a tourné la tête vers moi. Il était tellement beau que là, pour le coup, je l'aurais bien pris en photo. Mais j'ai détourné le regard et j'ai accéléré le pas en direction du sauna.

Malika voulait absolument tester le sauna. Elle a ouvert la porte en bois. Une bouffée d'air chaud m'a quasi asphyxiée sur place. Antoine était seul à l'intérieur. Même torse nu, on avait l'impression qu'il portait encore sa chemise fermée jusqu'au dernier bouton.

– Tiens, t'es pas tout liquide ? s'est étonnée Malika.

– Il reste du solide, a-t-il répliqué.

Pour une fois, Malika n'a rien trouvé à répondre.

– Tu es là depuis longtemps ? l'ai-je interrogé.

– Cinq minutes.

– Pas mal. Nous, on va essayer de tenir vingt ou trente secondes.

On s'est installées sur le deuxième banc. Antoine a croisé les jambes.

– Je réfléchissais à une chose, a-t-il dit avec son sérieux habituel.

– T'en as pas marre de réfléchir tout le temps ? a lancé Malika.

Pauvre Antoine, elle s'en prenait toujours à lui.

– Tu réfléchissais à quoi ? lui ai-je demandé, prête à entamer un débat de société dans cette friteuse.

– Pour sortir avec une fille, on s'y prend comment ? a-t-il questionné.

On est restées toutes les deux bouche bée. Les yeux d'Antoine brillaient dans la pénombre.

– Le sauna commence à te chauffer le crâne, a rétorqué Malika.

– Peut-être que tu ne sais pas comment on fait, a-t-il répliqué.

– Ah bon, tu crois ? Demande à Camille alors, elle va t'apprendre !

– Ah non, pas moi ! Je n'ai aucune théorie sur le sujet.

– Que de la pratique ! s'est moquée Malika.

– Arrête, ce n'est pas vrai.

– Eh bien moi, j'ai une théorie sur la question, a déclaré Malika. Mais on décampe d'ici, on manque d'air !

Il était temps, j'étais près de m'évanouir. Antoine sortait l'artillerie lourde pour me demander de sortir avec lui et ma copine entrait dans son jeu au lieu de l'envoyer promener !

On a sauté dans le grand bain et on s'est accrochés au bord. L'eau m'a paru glacée. Une cinquantaine de Français nageaient, jouaient et criaient dans les bassins. Rémy et Priscilla sont passés juste au-dessus de nos têtes. Il lui racontait son dernier plongeon du haut d'un rocher gigantesque. Et elle le fixait avec ses yeux écarquillés et encore maquillés.

Malika s'est approchée d'Antoine. Elle endossait son rôle préféré, celui de madame « J'ai-lu-tous-les-magazines-sur-le-sujet ».

Elle semblait avoir oublié qui était son interlocuteur, Antoine, l'intello de la classe, celui qui cherche ses infos dans le *Petit Larousse* et pas dans un numéro spécial « Séduction en trois leçons » du mois d'août.

– Leçon numéro un, a-t-elle déclaré. Tu vas vers la fille avec qui tu veux sortir en ne pensant qu'à une seule chose : poser tes lèvres sur les siennes. Cette idée doit t'obséder comme si tu étais un grand sportif qui veut gagner un match. Tu es décidé à monter sur le podium. Et le podium, c'est la bouche de la fille, tu me suis ? Jamais un coup d'œil sur ses lèvres pourtant, tout est dans le mental. Et à ce moment-là, pas d'exposé sur Rodin ou sur le tunnel sous la Manche. Tu la regardes droit dans les yeux mais ce sont les lèvres que tu vises.

J'ai agité les jambes dans l'eau tiède pour me réchauffer. Je serais bien retournée dans le sauna maintenant.

Sans doute à cause du froid aussi, Antoine est parti sans prévenir pour une largeur dans un crawl très particulier.

– Tu aurais pu être un peu plus romantique avec lui, ai-je soufflé à ma copine.

– Et sa question, tu crois qu'elle était romantique ? m'a-t-elle rétorqué.

En effet, elle ne l'était pas. Il ne voulait pas qu'on lui lise des poèmes d'amour, il voulait qu'on lui explique comment procéder. Il est revenu vers nous, il a ramené ses cheveux en arrière et il a demandé :

– Et après ? Il faut y aller directement ?

– Pas trop vite. Leçon numéro deux…

– Je lui dis, je t'aime.

Un frisson m'a parcouru le corps. Était-ce l'eau qui me glaçait la peau ou le verbe « aimer » que venait d'employer Antoine ?

– Surtout pas, c'est trop facile, a répliqué Malika. Tu lui parles d'elle en détail. C'est simple. Si elle est belle, tu lui dis qu'elle est intelligente. Si elle est plutôt du genre intello, tu lui dis qu'elle est belle.

– Pas très logique.

– Crois-moi, j'ai cerné la question, a-t-elle ajouté.

Malika avait enquêté auprès d'un échantillon représentatif de collégiens en posant la question suivante : « Quelle qualité préférez-vous qu'on vous attribue ? Beauté ou intelligence ? »

Il en était ressorti qu'une grande majorité des personnes intelligentes préféraient recevoir des compliments sur leur beauté et que les personnes belles préféraient qu'on les trouve intelligentes.

– Et la leçon numéro trois ? a enchaîné Antoine comme s'il n'avait plus une minute à perdre.

Plus une minute à perdre pour quoi ? Pour me faire sa déclaration ? Autant lui dire tout de suite qu'il perdait son temps avec cet interrogatoire.

– Leçon numéro trois, a chuchoté Malika qui arrivait au bout de sa démonstration, tu l'emmènes dans un coin.

Pour illustrer son propos, Malika a fait reculer Antoine dans l'angle du bassin.

– Tu approches tes lèvres des siennes.

Elle a approché ses lèvres de celles d'Antoine.

– Tu lis dans son regard si c'est feu vert ou feu rouge. Il arrive que le feu soit orange ou qu'il y ait du brouillard. Là, je te conseille de prendre le risque, quitte à te ramasser un carton rouge. Ce serait dommage de rater une occasion.

– Admettons que ce soit vert, a lancé Antoine sans aucun complexe.

Il était sans doute aussi curieux que moi de savoir jusqu'où Malika mènerait sa démonstration. Elle a tendu le cou.

Même sans mes lunettes, je voyais très bien la lanière de son maillot de bain nouée autour de la nuque et chacune de ses bouclettes noires qui ondulaient sur ses épaules. Je savais qu'elle jouait son personnage à 100 %.

Je me suis agrippée à l'échelle pour l'entendre murmurer la suite de l'explication :

– Tu penches la tête sur le côté pour éviter les chocs, tu enlaces ta partenaire et tu y vas.

Antoine y est allé. Ils s'embrassaient ! Malika et Antoine s'embrassaient sous mes yeux ! Sous les yeux de tout le monde. Dans un coin du grand bassin ! Je suis restée bouche bée. J'étais la seule à les voir, moi qui suis la plus myope du collège. Les profs faisaient des longueurs juste à côté et ne captaient rien, même Mme Durel qui a l'œil partout.

Malika a relevé la tête et a dit :

– Mieux que ça ! Tu fais semblant !

– Je fais de mon mieux, je…

– Applique-toi. Si toute ton attention est concentrée sur ta bouche et que tu files des coups de genou à la fille sans t'en rendre compte, je ne lui donne pas trois minutes pour arrêter et là, tant pis pour toi. Pigé ?

– Pigé.

Et Antoine a embrassé une nouvelle fois Malika.

Ni moi ni les cinquante Français de notre collège n'existaient plus pour eux. Malika a reculé. J'ai alors aperçu le visage d'Antoine et j'ai eu un choc.

Était-ce l'eau de la piscine ou l'éclairage, il m'a semblé que notre intello de service n'avait plus aucun bouton.

Ses cheveux étaient en bataille, ses joues roses, les lèvres rouges et son torse avait doublé de volume.

– Un problème, Caillou ? a demandé Malika. Attention, tu vas boire la tasse.

– Moi, je…

– Tu ne me reconnais pas, c'est ça ? Tu veux tes lunettes ?

En vérité je ne les reconnaissais ni l'un ni l'autre. Ils étaient transformés.

Malika avait les yeux moins foncés que d'habitude et les joues très pâles.

– Moi non plus je ne te reconnais plus, tu es toute bleue. Va te sécher ou nage pour te réchauffer, tu es en train de te transformer en glaçon à cocktails.

Je suis sortie du grand bain en grelottant. J'ai croisé Rémy sans réagir à sa présence.

J'ai fait couler la douche pendant un quart d'heure pour me réchauffer. Malika pouvait bien m'attendre.

Je me frottais le visage depuis deux bonnes minutes avec ma serviette quand elle m'a dit :

– Tu as encore froid ? Mets-toi sous le sèche-cheveux.

J'ai appuyé sur le bouton et la soufflerie s'est déclenchée. J'ai approché mon visage au plus près. Mes joues sont devenues cramoisies. Antoine était déjà prêt et il nous attendait, appuyé contre le distributeur. Sa chemise sortait de son pantalon et les manches étaient repliées.

Malika s'est dirigée vers lui. Puisqu'elle préférait s'occuper des histoires de cœur d'Antoine plutôt que des miennes, j'allais devoir me débrouiller seule avec Rémy.

Détournement de conversation

Kelly a noué la laisse de Scooby-Doo autour du poteau devant le supermarket. Elle a profité de l'occasion pour me demander de lui apprendre quelques mots français : laisse, poteau, supermarché. Elle m'a donné la traduction en anglais. Je n'ai retenu que supermarket. Je n'avais pas besoin de poteau ni de laisse pour faire les courses en Angleterre. Et puis notre petit jeu de vocabulaire avait fini de m'amuser. J'avais des préoccupations plus importantes en ce moment et je la sentais trop immature pour remplir un rôle de conseillère sentimentale.

Derrière moi, un hello à l'accent français a retenti. Je me suis retournée. C'était Antoine. D'habitude je l'aurais fui sous n'importe quel prétexte mais là, il tombait bien. Faire des phrases entières et en français, je n'étais pas contre.

– Tu vas faire des courses, toi aussi ? ai-je demandé, plus aimable que d'habitude.

– Non, mais je peux vous accompagner.

– Super !

J'ai pris un panier à l'entrée et Kelly a sorti la liste. Au rayon pains de mie, Antoine a engagé une conversation embarrassante. Décidément, c'était son truc les questions directes en ce moment.

– Camille, je voudrais te demander un renseignement, mais je suis un peu gêné.

– Pourquoi ?

– C'est un sujet délicat. En fait, ce n'est pas un renseignement.

Antoine a baissé la voix.

– Je veux te parler d'un sentiment.

– D'un aliment ?

– Un sentiment.

– Toi ?

– Oui, moi. À toi.

Kelly ne perdait pas une miette de notre discussion et elle m'a vue bien embêtée.

Malika disait qu'Antoine était amoureux de moi depuis le début du collège et qu'il voulait sortir avec moi.

C'était sans doute pour cela qu'il lui avait demandé des détails pratiques à la piscine. Jusque-là, c'était un amour secret qu'il dissimulait derrière des dizaines de boutons et une timidité rassurante et il n'était pas question d'aborder le sujet. Qu'est-ce qui lui prenait soudain de quémander des conseils de tous côtés en guise de déclaration ? J'allais être obligée de lui dire que je ne voulais pas sortir avec lui et que j'aimais quelqu'un d'autre.

– Un sentiment ? Tu as le cafard ? Tu es pressé de retourner en France ? ai-je tenté.

– Pas du tout, je me sens très bien ici, au contraire. Voilà, depuis la rentrée de l'année dernière, mon cœur bat pour quelqu'un.

Ma main s'est mise à trembler. J'ai posé le panier par terre. Kelly l'a pris et a interrogé :

– Basket ?

– Panier, ai-je traduit automatiquement.

Antoine lui a arraché le panier des mains en s'excusant de ne pas y avoir pensé avant.

J'ai essayé de détourner la conversation pour échapper à la question fatale qu'il avait l'intention de me poser.

– Tu as goûté ces gâteaux à la noix de coco ? Je les adore, il faut que j'en rapporte en France.

Mais Antoine, le regard illuminé comme s'il avait aperçu le sosie de Lady Di au rayon surgelés, m'a avoué d'une voix tremblante :

– Je suis amoureux, Camille.

– Le problème, c'est qu'il faut les passer au four, ça prend un peu de temps.

– Je suis amoureux, pour la première fois de ma vie.

Échec total en ce qui concernait ma tentative de détournement de conversation. J'ai réfléchi à deux cents à l'heure pour rebondir sur un autre sujet. Mais il a répété à nouveau :

– Je suis amoureux.

Je ne pouvais pas faire la sourde oreille trois fois de suite. J'ai pris mon air le plus détaché et j'ai rétorqué :

– Tu es amoureux ? Ça se soigne !

– Dès que je la vois, je me trouve bête. J'ai l'impression d'étouffer dans ma chemise.

– Ça ne m'étonne pas !

À ce propos, le dernier bouton de sa chemise n'était pas attaché.

– Je ne sais pas quoi dire, a-t-il ajouté.

– Tous les symptômes sont là, tu es fichu. Je te fais une ordonnance ? De l'aspirine devrait calmer la douleur. Ou mes gâteaux, ils sont efficaces pour le vague à l'âme, je les ai testés.

– Le problème, c'est que je n'arrive pas à connaître ses sentiments à elle.

– C'est plus gênant.

– Il faudrait que j'arrive à lui avouer que je l'aime un jour. Elle est si belle !

– Tant que ça ?

– D'une intelligence rare et d'une finesse exceptionnelle.

– Tu as trouvé la perle !

– J'aime son humour, son originalité, sa joie de vivre. Quand je te dirai qui c'est, tu ne me croiras pas.

– Tu penses ?

– Je n'en ai jamais parlé à personne.

Alors pourquoi m'en parlait-il à moi maintenant dans ce supermarché ? Était-ce vraiment nécessaire ? Antoine, ne commets pas l'irréparable, on ne s'entendait pas trop mal jusqu'à aujourd'hui.

Il m'a regardée droit dans les yeux. Les néons se reflétaient dans mes lunettes et l'éblouissaient. J'ai baissé la tête vers les paquets de céréales.

– Tu ne devines pas de qui je suis amoureux ?

– Non, je la connais ? Donne-moi un indice peut-être, ai-je suggéré le plus innocemment possible.

– D'accord. Dès que je croise quelqu'un dans la rue avec des cheveux noirs comme les siens, je manque de tomber à la renverse.

– Pardon ? Des cheveux noirs ?

J'ai dû devenir livide. Je me suis adossée au congélateur à yaourts. Des cheveux noirs ! Les miens sont blonds, châtains en hiver, mais certainement pas noirs !

Charlotte a des cheveux bruns, mais quand même, pour tomber amoureux d'elle ! À part la couleur des cheveux, elle ne correspondait pas au portrait que dressait Antoine de sa bien-aimée.

Il avait parlé d'une fille d'une intelligence, d'une originalité et d'une finesse exceptionnelles. Mais qui ?

– Des cheveux et des yeux noirs, un caractère noir parfois aussi… Tu vois de qui je veux parler ?

– Je la connais bien ?

– Très bien.

– Très bien ? C'est…

– Surtout ne lui en parle pas. En tout cas, merci de m'avoir écouté, j'avais besoin de me confier.

On a déposé nos achats sur le tapis roulant de la caisse. Antoine s'est éclipsé discrètement. J'ai remonté mes lunettes sur le haut de mon nez. Parfois je me demande à quoi ça sert d'en porter si c'est pour ne pas voir ce genre de choses. Antoine était amoureux de Malika depuis la sixième et je ne m'en étais pas aperçue ! Aussi étrange que cela puisse paraître, c'était une évidence maintenant.

Il ne l'aurait pas embrassée deux fois de suite à la piscine s'il n'avait pas été amoureux d'elle. Et depuis le début du voyage, il tentait de l'approcher, même si elle le repoussait à chaque fois.

Lorsqu'on est sorties du magasin, j'étais encore sonnée par la nouvelle. Comment avais-je pu imaginer pendant un an et demi qu'Antoine me courait après ? J'ai eu un pincement au cœur quand je me suis souvenue de toutes les fois où je l'avais envoyé promener pour lui faire comprendre que mon cœur était déjà pris. En fait, il cherchait à aborder Malika par mon intermédiaire. Les sacs de courses pesaient une tonne et me sciaient les doigts. Je me suis arrêtée au milieu du trottoir. Kelly m'a tendu la laisse de Scooby-Doo et a pris les sacs.

Soudain, j'ai aperçu Rémy qui arrivait face à moi, une batte de base-ball à la main, accompagné d'un Anglais de son âge. J'étais incapable d'aligner deux mots, en anglais comme en français. Et Scooby-Doo tirait sur sa laisse, persuadé que Rémy allait lui envoyer le gros bâton qu'il portait pour jouer avec lui.

– Qu'est-ce que tu fais ? m'a demandé Rémy.

– On promène les courses, ai-je répondu sans débloquer un sourire.

– Passionnant !

Scooby-Doo l'a reniflé et lui a léché les chaussures.

– Ça va sinon ? a-t-il enchaîné.

– Super.

– Tu es sûre ?

– Il faut que je fasse des bonds sur le trottoir pour te le prouver ?

– Pourquoi pas !

Je n'ai pas tiré la laisse pour empêcher Scooby-Doo de renifler Rémy, il pouvait se débrouiller tout seul avec le chien.

J'ai lancé :

– Retourne avec l'autre si tu apprécies les sourires de cruche.

Prononcer le nom de Priscilla me demandait un effort insurmontable.

À présent, Scooby-Doo lui sautait carrément dessus.

– Camille !

– Rémy ?

– Tu es fâchée ? J'ai fait quelque chose ?

– Non, justement tu n'as rien fait, tu te laisses séduire par la fille qui t'envoie les plus grands battements de cils. Continue comme ça, mais sans moi. Salut !

J'ai tiré un bon coup sur la laisse pour calmer le chien qui sautait sur Rémy.

Kelly m'a suivie.

Elle m'a demandé ce que voulait dire cruche, j'ai répondu qu'il y avait deux sens possibles mais que je lui expliquerais plus tard. Si elle avait su que 90 % de ma vie était consacré à Rémy depuis un an et demi ! Que son visage hantait mes jours et mes nuits. Et voilà comment je lui parlais ! Alors qu'une rencontre inespérée aurait pu me permettre de renouer le dialogue, je piquais une crise de jalousie et je gâchais tout. Même Antoine parvenait à exprimer ses sentiments. Mais Rémy et moi étions de véritables handicapés du cœur et nous allions passer à côté d'une grande histoire d'amour.

– Tu vas bien, Camilla ? s'est inquiétée Kelly.

Malgré ses difficultés en français, elle semblait avoir tout compris de ma situation difficile. Non seulement j'étais fâchée avec Rémy, mais j'étais détentrice d'un lourd secret qu'il me faudrait garder à tout prix. Sinon Malika passerait son temps à se vanter qu'Antoine était fondu d'amour pour elle.

Camille, as-tu du cœur ?

Le lendemain, je n'ai donc pas dit un mot à Malika des révélations d'Antoine. Après les cours, on a été faire les vitrines dans une rue voisine. Quand Malika a ouvert son porte-monnaie devant la vitrine d'un magasin de jouets, j'ai cru avoir une syncope. Elle ne m'avait toujours pas rendu les dix livres qu'elle me devait, je n'avais plus rien pour acheter un souvenir à mon frère et elle se permettait de griller la fin de son porte-monnaie sous mes yeux.

– Tu ne le trouves pas trop chou ce nounours ? m'a-t-elle demandé en comptant ses pièces.

– Tu as vu le prix ? ai-je répliqué en espérant qu'elle se souviendrait des dix livres qu'elle me devait.

Elle a grimacé en remontant le côté gauche de sa lèvre supérieure et elle a plongé le nez dans son porte-monnaie.

– J'ai juste assez ! Youpi !

Elle a levé des yeux attendris sur le nounours comme si je n'avais rien dit et elle a déclaré :

– Je ne peux pas rentrer en France sans lui. Regarde ses yeux, ils me disent « Je t'aime, emmène-moi avec toi ». Et sa bouche, elle est faite pour les bisous. Il a l'air si doux, tu ne trouves pas ?

– Vu le prix, il peut l'être. Je ne savais pas que ça coûtait si cher une peluche.

Malika n'a pas relevé mon allusion. Elle est entrée dans le magasin. Je suis restée dehors à l'attendre. Le marchand a sorti la peluche de la vitrine. Les yeux de Malika brillaient. Elle a étalé ses pièces sur le comptoir en trépignant. Elle a même demandé un paquet-cadeau.

Quand elle est sortie, je n'ai pas dit un mot.

– Un problème ? a-t-elle interrogé. Ça te dérange que j'achète une peluche à mon âge ? Tu as honte de moi, c'est ça ?

– Pas du tout.

– C'est quoi alors ? Des soucis avec Rémy ?

– Non, ça va super.

On a marché jusqu'à l'arrêt de bus. Et soudain, Malika a rigolé.

– Ah c'est pour ça, d'accord ! Mais je vais te les rendre tes dix livres ! Lundi, dès qu'on arrive, je te les apporte. Tu ne vas pas en faire un pudding !

Elle ne comprenait pas que j'en avais besoin d'ici demain.

– Je m'en moque des dix livres, ai-je affirmé.

– Bon alors tout va bien ! Demain il y a une boum géante à l'internat, après-demain on rentre et lundi on se racontera nos souvenirs de Londres et tu auras ton argent. C'est pas possible de faire une tête pareille pour rien du tout !

– Ce n'est pas rien.

– Dix livres, je sais, tu veux que je retourne dans la boutique pour me faire rembourser ?

– Non, non, laisse tomber.

Pour couper court à cette discussion qui me mettait mal à l'aise, j'ai déclaré :

– On m'a confié un secret que j'ai promis de ne pas répéter.

– Alors dis-le-moi.

– J'ai promis, tu comprends.

– Et alors ? Tu ne me fais pas confiance ? Ne t'inquiète pas, je sais tenir ma langue. Peut-être pas mon porte-monnaie mais ma langue, oui. Ton secret restera un secret.

– Oui seulement…

– Seulement quoi ? Tu veux que je le répète à qui ? Au chauffeur de bus ? À la dame en face de nous ?

– Antoine est amoureux.

– Je te l'ai toujours dit. Dès qu'il te voit, son squelette se retourne dans tous les sens tellement il tremble d'amour.

– Dès qu'il te voit.

– Dès qu'il te voit ? Me voit ? Pardon ?

– Il tremble d'amour pour toi, Malika. Il me l'a dit.

– Antoine ? Pour moi ?

Elle a éclaté de rire et s'est arrêtée net.

– Mais mais… comment ça ? C'est pas possible, je…

Visiblement Malika était émue.

– J'aurais dû éviter les leçons de bisous à la piscine, ça lui a donné des idées.

– Ça date de bien avant. Il est amoureux de toi depuis le début de la sixième.

– Ah bon ? En tout cas, je ne regrette pas pour le nounours. Je suis sûre qu'il porte bonheur.

– Alors tu as bien fait de l'acheter.

Malika n'a pas reparlé d'Antoine pendant le trajet du retour. Au contraire, elle cherchait à éviter le sujet. Elle s'est dirigée vers la maison de ses petits vieux tandis que je sonnais chez les Berkson. Kelly m'a ouvert la porte.

– A boy is waiting for you, a-t-elle chuchoté.

Un garçon m'attendait ?

Les trois pas qui me séparaient de la chambre où un garçon m'attendait m'ont paru durer une éternité. Au premier pas j'ai pensé qu'Antoine venait me demander des nouvelles de Malika. Au deuxième pas, j'ai frissonné d'horreur. Et si Harry m'avait suivie pour régler ses comptes ? Au troisième pas, juste avant d'ouvrir la porte, j'ai senti mon cœur tambouriner : et si c'était...

Ma troisième supposition était la bonne.

– Rémy ? ai-je murmuré.

Rémy était adossé à la fenêtre, sa batte à la main. Je me suis tournée vers Kelly pour qu'elle m'explique comment il était arrivé jusqu'ici. Elle m'a fait un sourire complice avant de partir pour nous laisser en tête à tête. Rémy a désigné la corbeille à papier sous le bureau.

– Tu t'es énervée sur ta brosse ?

– C'est le chien.

Je me suis assise sur mon lit et Rémy par terre. Il a posé ses mains sur les miennes et a déclaré :

– Camille, je t'aime. Je m'en suis rendu compte hier.

– C'est un peu tard.

– Non, je m'en suis rendu compte depuis longtemps.

– Il faudrait savoir.

– Je suis sûr que tu m'aimes aussi.

– Ah oui ? Tu lis dans les pensées ?

– Je lis dans tes yeux. Tu m'en veux à cause de Priscilla mais tu te trompes. Je ne l'aime pas, je ne l'ai jamais aimée. C'est une copine, c'est tout.

– Comme moi.

– Non, justement.

– Alors, je suis quoi moi ?

– La fille que j'aime.

Là, on aurait pu s'embrasser, le moment était idéal. L'amoureux venait de déclarer sa flamme et l'amoureuse avait enlevé son masque de colère.

– Maintenant je dois partir, j'ai promis à mon Anglais de faire une partie de base-ball avec lui.

Il faut croire que la scène n'était pas la bonne. Rémy s'est retourné et a murmuré :

– Et toi ?

– Quoi moi ?

– Tu as encore des sentiments pour moi ?

– Je n'ai jamais dit le contraire.

Kelly est passée dans le couloir et a glissé un œil vers nous. Rémy a plongé la main dans sa poche et en a sorti mon marque-page couvert de R.

– Tu l'avais oublié dans le train.

Et il est parti.

Kelly est entrée. Je me sentais tellement bien que je lui ai parlé pendant une heure de Rémy en anglais en oubliant complètement les règles de grammaire et la phonétique.

Je lui ai raconté comment on s'était rencontrés, que c'était le plus beau garçon du collège, mais que depuis cet été on n'osait pas vraiment se parler. Elle avait l'air passionnée par mon histoire. De temps en temps, elle me demandait de répéter un mot et elle le cherchait dans le dictionnaire.

Je retrouvais Rémy. J'étais heureuse. La soirée à l'internat tombait à pic. On allait faire la fête ensemble, danser et enfin s'embrasser.

Comment avais-je pu craindre Priscilla ? Ce n'était pas du tout le genre de fille qui plaisait à Rémy. Parfois je devrais changer de lunettes.

Faites la fête, pas la tête

J'ai poussé la porte à double battant. L'ambiance était atomique. La musique faisait vibrer les verres et la boule à facettes envoyait des milliers d'étoiles dans le réfectoire. Il y avait au moins trois cents personnes, mais en cinq secondes j'ai repéré Rémy. Charlotte dansait face à Jessie, un pull noué à la taille. Elle nous a fait signe de les rejoindre.

On avait les cheveux encore mouillés et le jean collant. À cause de la pluie, on avait été obligées de se recoiffer et de se remaquiller avant d'entrer dans le réfectoire.

– Vous en avez mis du temps ! s'est exclamé Antoine, la frange relevée et les trois premiers boutons de la chemise défaits.

– Pourquoi, tu nous attendais ? a demandé Malika.

Antoine a glissé un regard vers moi, mais je lui ai juré d'un battement de cils que je n'avais pas trahi son secret.

– On te manquait peut-être ? a renchéri Malika.

J'ai commencé à me sentir mal à l'aise. Si Malika continuait, Antoine allait comprendre que j'avais répété le secret qu'il m'avait confié.

– Peut-être, a-t-il répondu.

– Sans nous, c'est bien connu Caillou, le monde ne tournerait pas rond. Sans moi, surtout !

Je lui ai envoyé un coup d'œil, l'air de dire : « C'est toi qui ne tournes pas rond, tais-toi maintenant. » Elle a pris les manteaux et s'est éloignée en direction des vestiaires.

Antoine est parti boire un verre au buffet. Je n'allais pas rester seule au milieu de ces Anglais. J'ai rejoint Malika pour lui demander de rester discrète à propos d'Antoine.

Quand je suis arrivée dans les vestiaires, elle se rajoutait du rose sur les lèvres.

– Je vais te décevoir Camille.

– Toi ?

– Je suis amoureuse.

– Mais tu ne me déçois pas, au contraire, c'est génial !

– Attends de savoir de qui.

Et elle m'a regardée comme si elle me voyait sourire pour la dernière fois. De qui était-elle amoureuse ? Elle n'était pas restée plus d'une heure avec Nono. Harry, surtout pas. Ça ne pouvait pas être Rémy quand même… C'était mon plus grand cauchemar : que ma meilleure copine soit amoureuse de mon amoureux. Une fille comme Priscilla je pouvais m'en remettre, mais pas Malika.

On s'est approchées de la piste de danse. Littlebit entamait un rock avec une prof anglaise, Mme Durel essayait de se rendre utile du côté du bar en ramassant les verres et les assiettes sales. Rémy et sa bande dansaient en sautant et en se rentrant dedans. Mais le plus extraordinaire dans tout ça, c'était la métamorphose d'Antoine. Notre premier de la classe dansait en plein milieu, comme un dieu. Les Anglaises le regardaient, admiratives. On aurait dit que dorénavant Antoine habitait son corps et pas seulement sa tête.

– Il est en transe ! me suis-je exclamée. Tu savais qu'il dansait si bien ?

Malika n'a pas répondu. Elle l'observait comme moi. J'ai poursuivi :

– Tes cours pratiques de séduction lui ont donné des ailes. Quand on le voit comme ça, on n'imagine pas à quel point il était moche avant. Même moi qui le connais, je finis par le trouver presque mignon.

Pas de réponse.

– Bon, potable disons. Malika ?

Malika n'était plus à côté de moi. Hypnotisée par les étoiles de la boule à facettes, elle s'approchait à pas lents de la piste de danse. Elle semblait marcher sur un fil à dix mètres du sol. Je me suis précipitée vers elle de peur qu'elle ne se fasse renverser et ne tombe dans le vide.

– Tu vas bien ? Au fait, tu ne m'as pas dit, tu es amoureuse de qui ?

Elle a continué à avancer comme si elle était téléguidée et elle s'est approchée, approchée, approchée, de plus en plus… D'Antoine.

Malika, amoureuse d'Antoine ! Il devait y avoir une erreur ! Il avait changé mais quand même !

Elle s'est postée devant lui et m'a adressé un signe de tête pour confirmer ma supposition. C'était bien ça : Malika était amoureuse d'Antoine.

J'étais si troublée qu'en regagnant le buffet, j'ai marché sur les pieds de Harry Potter, le magicien infernal. Il tenait dans ses bras une fille toute petite. Il a relevé la tête et m'a adressé un coucou de la main. J'ai hoché la tête pour rester polie mais je n'avais pas l'intention de m'attarder près de lui.

Soudain, la fille qu'il tenait dans ses bras a tourné la tête vers moi. C'était Priscilla ! Je comprenais mieux maintenant pourquoi Rémy était passé chez moi la veille, pourquoi il m'avait déclaré sa flamme, pourquoi il avait besoin de moi.

Priscilla avait trouvé un Anglais, Rémy était seul, j'étais la solution la plus facile pour lui remonter le moral. Malika est arrivée vers moi, elle m'a enfoncé ses ongles dans le bras et m'a dit, hilare :

– T'as vu ce que j'ai vu ?

– Dans le noir, je ne vois pas grand-chose.

Elle s'est servi un verre de Coca à ras bord.

– Moi non plus je ne vois pas grand-chose ! Ils pourraient éclairer le buffet ! Devine avec qui sort Priscilla ? Dis un nom au hasard.

– Harry Potter.

– Tu les as vus aussi ? La honte ! Le mec le plus glauque de l'internat ! Le Ploteur infernal ! Elle n'est pas difficile ! Quand elle va apprendre qu'il a essayé de séduire toutes les filles, elle va se trouver bien tarte avec ses boucles d'oreille en forme de cœurs et ses bracelets qui font des bruits de cloches à vaches. Allez, moi j'y retourne. Tu viens avec nous, on s'éclate ! Fais la fête, pas la tête !

Je n'aime pas être obligée de faire la fête simplement parce que c'est samedi, qu'il est 21 heures, qu'on est en Angleterre et que l'internat a organisé une boum géante pour une rencontre franco-anglaise.

Malika m'a tendu son verre et elle est partie en sautillant vers la piste de danse. J'observais Rémy sauter partout avec ses copains et j'avais envie de lui tordre le cou. J'en avais tellement envie que j'ai serré le verre en plastique un peu trop fort. Il s'est cassé et le Coca s'est renversé sur mon jean. J'ai filé aux toilettes pour réparer les dégâts.

Après avoir nettoyé mon jean, je suis restée dans le hall pour me calmer. Mon cerveau risquait de disjoncter d'un moment à l'autre. Et ce ne seraient pas les étoiles de la boule à facettes que je risquais de voir, mais bien trente-six chandelles.

Il continuait de pleuvoir des cordes, mais je préférais regarder la pluie plutôt que de voir les autres faire la fête. La porte s'est ouverte derrière moi. Le son de la musique s'est amplifié. Puis la porte s'est refermée et la musique s'est éteinte. Quelqu'un s'est approché de moi.

– Tu penses à quoi ?

J'ai sursauté. C'était Rémy. Il était en nage après s'être déchaîné sur la piste de danse. Des gouttes de sueur perlaient sur ses tempes et ses cheveux étaient dressés sur sa tête.

– À rien, ça fait du bien.

– Moi je pensais à toi et comme je ne te voyais plus, je me demandais où…

– Maintenant tu sais.

Il a laissé quelques gouttes de pluie s'écouler avant de reprendre :

– C'est le moment des slows, tu danses ?

Je me suis tournée vers lui brusquement. J'avais envie de lui dire tout ce que j'avais sur le cœur à propos de Priscilla et de mon rôle de bouche-trou. Non, je ne danserai pas avec lui et quand je dis non, c'est non. Je ne change pas d'avis comme certains, je sais ce que je veux dans la vie. Et ce que je ne veux pas.

Rémy a poussé la porte et on est entrés dans le réfectoire, main dans la main.

L'ambiance avait changé, ou alors c'était moi. Je n'entendais plus la musique, j'entendais mon cœur qui battait. Boum boum. Boum boum. Comme la première fois que j'avais vu Rémy. Mon cœur à toute vapeur.

Un slow, un seul… Je n'ai pas résisté. Le regard de Rémy m'avait hypnotisée. En un quart de seconde l'histoire avec Priscilla m'a semblé très lointaine et sans intérêt. La véritable histoire était là, devant moi. Elle se jouait dans les minutes qui allaient suivre. Il est entré sur la piste de danse, s'est tourné vers moi et je l'ai suivi.

À l'instant où je passais mes bras autour de son cou, j'ai senti une drôle de sensation dans mon dos : mon soutien-gorge venait de se détacher. Je ne pouvais rien faire pour le rattacher, Rémy m'avait enlacée.

Tout mon esprit, mon corps entier, étaient concentrés sur ce soutien-gorge détaché. Pourvu que Rémy ne bouge pas. Pourvu que ses mains ne cherchent pas à parcourir mon dos.

– On pourra remercier Kelly, m'a-t-il murmuré à l'oreille.

– Pourquoi ?

– Si elle ne m'avait pas dit que tu m'aimais encore, j'aurais pensé que tu m'en voulais à mort.

Les larmes me sont montées aux yeux quand j'ai appris que Kelly m'avait aidée. J'ai eu envie qu'elle soit là pour lui sauter au cou et l'embrasser aussi fort que je pouvais.

J'ai oublié mon problème de soutien-gorge et mon esprit s'est déplacé dans le creux de mon dos, là où Rémy posait ses mains pour me rapprocher de lui. Jusqu'à la dernière note. Jusqu'à la dernière minute en Angleterre.

Back to Paris

J'ai vidé mon petit sac à dos sur la tablette et j'ai jeté tous les papiers inutiles dans la poubelle sur le côté. J'ai rangé l'adresse de Kelly dans mon portefeuille et j'ai regardé le paysage défiler. La reverrais-je un jour ? Une larme a glissé sur ma joue sans que je la sente venir.

« Je lui enverrai un e-mail au moins une fois par semaine, me suis-je promis. Et on deviendra les correspondantes les plus fidèles. »

J'ai commencé à préparer le discours que j'allais tenir à mes parents pour leur donner envie de visiter Londres en famille. Ce serait l'occasion de leur présenter les Berkson.

Les images de nos adieux me sont revenues à l'esprit. C'est Kelly qui a pleuré la première dans la voiture. Je lui ai pris la main mais je ne trouvais pas les mots pour la consoler, même en français. Et puis on est arrivés à la gare où les deux classes étaient réunies avec leurs familles. Kelly m'a tendu un cadeau d'une main tremblante. Je l'ai ouvert aussitôt. C'était une brosse neuve avec un petit chien rigolo dessus.

– Tu aimes ? a-t-elle demandé.

Là, j'ai fondu en larmes. Comment la remercier pour ce cadeau, pour tout ce qu'elle avait fait pour moi et Rémy ?

– Yes, very, very. C'est si gentil ! Thanks.

Je lui ai mis mon écharpe autour du cou pour qu'elle la garde en souvenir. Je ne sais plus ce que j'ai raconté après, des choses comme :

– I never forget you. Never, never. You are my second family. You're welcome at my home.

Toute la famille m'a serrée dans ses bras pour me dire au revoir. Ils me parlaient mais je ne comprenais rien tellement je sanglotais.

Malika était à côté avec papy et mamie, comme elle les appelait. Ils n'arrêtaient pas de lui parler et ma copine se concentrait pour comprendre ce qu'ils disaient. Elle posait des questions et ils répondaient en faisant des grands gestes pour expliquer un mot de vocabulaire.

Dans l'Eurostar, Rémy a posé sa main sur la mienne. Nos doigts se sont croisés et j'ai retrouvé le sourire juste au moment où on entrait dans le tunnel. Le tunnel ? Déjà !

Malika était assise, de l'autre côté du couloir, à côté d'Antoine. J'ai tendu l'oreille pour écouter ce qu'il lui racontait :

– En fait, il y a trois tunnels dont un central pour l'accès des secours et de la maintenance. Chaque tunnel est doté de systèmes de drainage, de refroidissement par eau, de ventilation et de contrôle informatique. Ils sont reliés entre eux tous les 375 mètres. 365 ou 375 ? Je ne suis plus sûr, je vérifierai.

Ma copine le fixait, les yeux pleins d'admiration. Elle ne semblait plus du tout effrayée par la traversée. Les connaissances d'Antoine la rassuraient et l'éblouissaient.

Derrière nous, j'entendais des crissements de papiers de bonbons et de gâteaux. Charlotte s'organisait un petit festin.

– Tu veux quelque chose, Camille ?

Elle avait le sourire aux lèvres et les joues bien roses.

– Sers-toi. J'ai fait des réserves, a-t-elle ajouté en désignant sa valise.

En effet, elle semblait plus énorme qu'à l'aller.

– J'ai dévalisé l'épicerie ce matin, a-t-elle précisé.

À côté d'elle, Jessie qui somnolait a retiré un de ses écouteurs sans lâcher l'anneau accroché à sa chaîne.

– On est bientôt arrivés ? a-t-elle demandé.

Derrière elle, Priscilla se concentrait sur son portable. Sans doute cherchait-elle à envoyer un SMS à Harry. Quant à Nono, il déambulait dans le couloir en proposant :

– Un petit poker ? Un petit poker ?

Mais personne n'avait envie de se faire plumer. Puis il s'est adressé à Malika :

– Si tu as un malaise, fais-moi signe !

– Je vais très bien, merci, a rétorqué Malika.

Il est retourné s'asseoir et il s'est endormi.

Lorsque le train est arrivé à la gare du Nord, Jessie attendait collée à la porte avec ses sacs. Pour la première fois du voyage, elle souriait. Son copain était sans doute à la gare.

Moi aussi je souriais en voyant défiler toutes les images de notre séjour.

Sur le quai, Malika a couru jusqu'à moi :

– Attends, Camille !

Elle a ouvert son sac en plein milieu des élèves qui avançaient. Littlebit l'a fixée d'un œil consterné et il s'est arrêté pour nous attendre.

– Tu cherches quoi ? ai-je demandé.

– Surprise !

Elle a sorti le paquet-cadeau froissé du nounours et elle me l'a tendu.

– Vous vous ferez vos petits cadeaux plus tard, on suit le groupe, a déclaré Littlebit.

– C'est pour toi, a-t-elle annoncé comme si on était seules sur terre.

– Mais…

– Parce que tu es la meilleure des meilleures copines.

J'ai pris le paquet et je me suis jetée dans ses bras. Je savais combien elle aimait ce nounours et quel effort elle faisait pour me l'offrir.

– Bon les filles, le voyage est terminé, vous avez eu une semaine pour vous confier vos secrets, ça ne vous a pas suffi ?

– On arrive monsieur ! Si tu n'as rien rapporté pour ton frère, offre-lui ce nounours, m'a-t-elle suggéré.

C'était une très bonne idée. Et après, je m'arrangerais pour lui piquer. On a couru pour rattraper Littlebit. Nos parents nous attendaient à la sortie de l'Eurostar. Plus que quelques mètres avant de lâcher mon sac et de tout leur raconter dans les moindres détails.

Vraiment tout ?

Pas sûr.

La fête de fin d'année

Une petite beauté

On entamait notre cinquième tour de cour quand soudain ma copine Malika s'est arrêtée.

Elle a détaché tranquillement sa pince à cheveux et elle a soupiré :

– Attends dix secondes, je me refais une petite beauté.

– Maintenant ?

Qu'est-ce qu'elle s'imaginait ? Qu'une dizaine de paparazzi se bousculaient aux grilles du collège pour la photographier ? Déjà du rose à lèvres et un débardeur à dentelles, ce n'était pas indispensable pour quarante minutes d'endurance.

J'ai jeté un coup d'œil vers le prof de gym. Il était capable de nous faire recommencer à zéro pour une petite pause de rien du tout. La pince coincée entre les dents, Malika a lancé :

– Pas de chouchis, il ch'occupe pas de nous.

En effet, le prof avait les yeux rivés sur son nouveau chronomètre multifonctions.

Malika a enroulé soigneusement ses cheveux au sommet de sa tête, elle a frotté ses lèvres l'une contre l'autre pour étaler le rose qui lui restait sur la bouche et elle a soufflé :

– Pause pipi ?

J'étais certaine qu'elle n'avait pas plus envie de faire pipi que moi. Je me suis exclamée :

– Allez, courage ! On est presque à la moitié !

– On n'est qu'à la moitié, nuance, m'a-t-elle interrompue en fixant la pince sur son crâne.

– C'est ce que je viens de te dire, il ne reste plus que la moitié à courir...

– Non, il reste ENCORE la moitié.

Malika a toujours le dernier mot. Je n'ai pas insisté.

Elle a libéré quelques mèches de cheveux près de ses tempes.

– Ça y est ? ai-je demandé.

– Ça y est pas.

– Ça y sera quand ?

Elle a rigolé en secouant ses mèches :

– Quand les chronos auront des dents !

Puis elle a défait une tennis pour enlever un caillou invisible et elle a replié le bas de son jogging en expliquant :

– J'ai les mollets qui gonflent. Pas les chevilles, hein ! Les mollets !

J'ai essayé de rester zen, l'œil rivé sur le prof de gym accroché à son chrono.

Enfin, Malika a accepté de redémarrer. Quarante minutes d'endurance, ça se joue dans la tête, pas dans les mollets. Il suffit de laisser son esprit délirer sur les événements de sa vie. Par exemple, le spectacle de fin d'année, l'arrivée des correspondants allemands. La scène du *Médecin malgré lui* qu'on a prévue de jouer avec Malika et qui sera un vrai succès. Rémy époustouflé par mes performances d'actrice…

Alors on oublie tout : les pieds qui chauffent, les mollets qui tombent en ruine, les cuisses qui réclament à chaque banc de s'asseoir, le cœur à toute vapeur prêt à déborder de la cage thoracique en ébullition et les questions de mademoiselle Malika sur son look de face, de dos et de profil.

– Sport et beauté, c'est possible ! clame-t-elle sans arrêt.

Moi je ne trouve pas que ce soit très glamour de courir dans la cour du collège un mardi de juin sous un soleil qui vous suit comme un projecteur de cinéma. Mais le pire, c'est de passer devant la salle 8 des quatrièmes qui ne perdent pas une miette du spectacle. Parce que, parmi les quatrièmes de la salle 8 le mardi à dix heures, il y a Rémy. Le beau Rémy... Celui qu'on n'a pas du tout envie de rencontrer en survêt-sueur un mardi à dix heures.

Cooool Camouille

Charlotte nous a doublées, la foulée à ras le bitume, en bredouillant. On aurait dit qu'elle téléphonait d'un portable sous un tunnel :

– Trop dur, rhhhaaa, peux plus, vais craquer, mes jambes, compote, chauuuud...

– Pareil, a approuvé Malika façon SMS. J'irais bien boire un coup aux toilettes avant de me transformer en banane séchée !

– Moi aussi, manger, banane, a répliqué Charlotte toujours prête à faire une pause grignotage malgré ses bonnes résolutions.

On arrivait au niveau de la salle 8, celle des quatrièmes, celle de Rémy. Mon cœur s'est accéléré. Moi aussi tout à coup, j'ai ressenti le besoin de faire une pause quelque chose, pipi, banane ou n'importe quoi.

– Cooool Camouille, a dit Malika. Il ne te regarde pas.

– Tu crois ?

J'ai ralenti. Rémy semblait concentré sur son classeur. Il nous avait envoyé un clin d'œil lors de notre premier passage, quand j'avais encore un visage à peu près humain et, depuis, il n'avait pas relevé la tête.

– Il pourrait quand même nous encourager ! s'est-elle exclamée. Vous êtes fâchés ?

– Non, non.

– Tout va bien entre vous, rassure-moi Camille.

– Super.

Malika ne pouvait pas comprendre. Pour elle l'amour c'est pot de colle et rouleau de scotch du matin au soir. Son petit Antoine, elle ne le quitte pas d'une semelle depuis le retour d'Angleterre. Rémy et moi, c'est tout le contraire. Dès notre retour, on s'est mis d'accord sur le fait que notre relation devait rester discrète. On sort ensemble, c'est notre vie privée. Pas la peine de s'afficher enlacés en couverture du journal du collège.

Mais depuis notre accord, c'était comme si on ne sortait plus ensemble. On ne se proposait pas de rendez-vous à l'extérieur. Notre relation se limitait à un clin d'œil par-ci, un effleurement de la main par-là.

Le jour où on s'est retrouvés en tête-à-tête dans un manège était une exception. Et je préfère ne pas en parler tellement j'ai été ridicule.

– Sinon tu as le choix, a suggéré Malika. Cent cinquante garçons de la sixième à la troisième prendraient bien sa place.

Moi je ne voyais que lui au milieu des cent cinquante garçons de ce collège, lui... Rémy.

Si Rémy avait le nez dans son classeur, Farid et Nono ne rataient aucune de nos apparitions. Ils nous guettaient pour brandir à la fenêtre des messages d'encouragement. Cette fois, ils ont agité une feuille « Allez les rouges ! ». Je me suis sentie personnellement visée.

– Nos supporters feraient mieux de se calmer, a marmonné Malika.

J'ai mis mes mains sur mes joues brûlantes. Puis j'ai repris la course avant que Rémy ne lève la tête de son classeur et se rende compte à quel point sa petite copine peut se métamorphoser en tomate cerise dès qu'elle fait un effort.

Malika a retrouvé du tonus. Les paparazzi avaient peut-être réussi à escalader la grille du collège pour la photographier de plus près !

On est passées devant Ribéry avec un sourire genre coureuses professionnelles. Ribéry, c'est le surnom de notre prof de sport parce qu'il a une cicatrice sur la joue comme le joueur de foot. Mais on ignore s'il a déjà réussi une tête de sa vie.

– M'sieur, on peut faire une pause ? a demandé Malika. On n'en peut plus.

– Déjà fatiguées, les vedettes ?

– C'est bientôt la fin de l'année, pitié !

Il a fait rebondir son chrono dans sa main.

– Tant que vous ne tombez pas dans le coma, vous courez, a-t-il déclaré. Hop, hop, hop !

Malika a tout de suite arrêté de sourire et on a continué à transpirer. Le prof n'aurait pas dû parler de coma. C'est si vite simulé…

Qu'est-ce que je disais ? Nous étions à peine arrivées à l'autre bout de la cour que Malika s'est mise à tousser, à hoqueter, à crachouiller.

– On a toujours une baisse d'énergie à la moitié du parcours, ai-je lancé.

Elle a expliqué en haletant, pour préparer sa scène de coma artificiel :

– Mon cœur est fragile. Il bat plus vite que la moyenne. L'endurance, c'est pas un sport pour moi.

– Ça va passer.

– Un dernier tour et j'arrête !

J'ai essayé de la convaincre d'aller au bout des quarante minutes :

– Dis-toi que le temps qu'il nous reste à courir c'est à peine assez pour faire le tour d'un magasin de vêtements. Ça te paraîtra plus court.

– Ça n'a rien à voir, a-t-elle rétorqué. Il faut écouter ce que dit son corps. Quand c'est trop, ça ne sert à rien d'insister ou c'est l'accident assuré. Le corps d'abord, le succès après.

– Et les félicitations sous le nez…

– Les félicitations… a-t-elle répété.

Paf, j'avais tapé dans le mille ! Les félicitations, c'était l'argument choc. Elle n'a rien trouvé à redire. Ce n'est pas fréquent.

– Courage, Malika ! Plus que quelques minutes à tenir et tu auras tes félicitations.

– Oui, je les aurai.

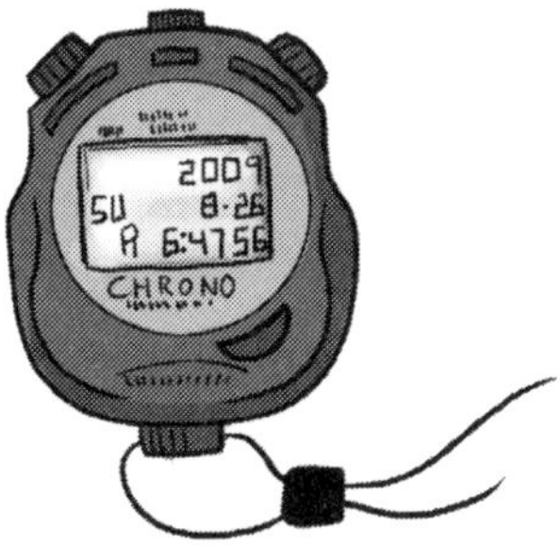

J'ai accéléré pour une deuxième partie un peu plus punchy. Malika m'a suivie. Ses mèches rebondissaient comme des ficelles de paquets-cadeaux et ses tennis étaient de véritables aspirateurs à petits cailloux.

Les autres filles souffraient autant que nous tandis que le prof dorlotait son chrono. Farid et Nono cherchaient l'inspiration pour un nouveau message. Et moi, malgré ma tête de tomate apéritif, j'essayais de ne pas paraître trop ridicule. Attention aux fesses en arrière, aux bras qui pendent bêtement, à la bretelle de soutien-gorge qui dépasse du tee-shirt ou aux bulles de salive au coin des lèvres.

Je ne tenais pas à ce que Rémy lève les yeux sur moi et se demande : « Qu'est-ce que je fais avec cette fille ? » Moi, je sais très bien ce que je fais avec ce garçon. Mais lui, depuis un certain vendredi dans un manège, il a le droit de se poser des questions. Allez, d'accord, je raconte.

Tournez manège !

La dernière fois que Rémy a véritablement levé les yeux sur moi, c'était vendredi dernier devant la boulangerie de la gare. J'attendais le bus en déambulant devant la vitrine de gâteaux. Une odeur de viennoiseries me faisait monter l'eau à la bouche.

J'étais en train de me demander laquelle je pourrais m'offrir quand, soudain, mon cœur s'est mis à battre de façon anormale et j'ai entendu une voix sucrée me murmurer :

– Tu craques pour les meringues vertes ?

Mes jambes se sont ramollies façon éclairs au chocolat et ma tête s'est vidée comme une chouquette. C'était Rémy, tout seul, sans la bande à Nono.

Son tee-shirt trois places frôlait mon bras et, à vrai dire, je craquais plus pour ses lèvres que pour les meringues psychédéliques. Il m'a susurré :

– Elles sont peut-être aux orties, méfie-toi.

– Et toi, tu es aux orties ou je peux te faire la bise ?

Je n'ai pas pu retenir un sourire de satisfaction. Je commençais à assurer niveau réparties. Il y a un an encore, j'aurais répondu quelque chose du genre : « Des ovnis, où ça ? »

J'ai donc embrassé Rémy sur les joues. Entre les deux bises, j'ai laissé traîner mes lèvres, j'ai marqué une pause aux mille possibilités et j'ai murmuré :

– Sa... lut !

L'odeur de croissant et de pain au chocolat s'est intensifiée. Mes papilles ont salivé, mes lèvres ont picoté mais je n'ai pas croqué dans les siennes puisqu'il ne prenait aucune initiative.

– T'es toute seule ? a-t-il questionné.

– Plus maintenant, ai-je répliqué d'une voix ravageuse.

– T'as réussi à te débarrasser de Malika ?

– Elle travaille au CDI avec Antoine.

Il a fait son demi-sourire irrésistible et m'a proposé :

– Je t'offre un tour ?

Un tour de quoi ? De vélo ? De pâté de maisons ? Un tour du monde ?

Le 116 a bifurqué au rond-point. Je l'ai regardé me passer sous le nez.

En temps normal, j'aurais détalé sans dire au revoir pour ne pas le rater. Mais comme j'avais des jambes molles comme des éclairs au chocolat et un cerveau creux comme une chouquette, je suis restée plantée sur le trottoir face à Rémy.

Le sourire en banane chimique, je l'ai suivi pour son mystérieux tour de je-ne-sais-quoi. Tout à coup, mon sourire banane a dégouliné sur mon menton.

– On a du bol, c'est ouvert, a-t-il déclaré.

On était devant le manège. Pas n'importe lequel, celui de mon enfance. J'aurais trouvé l'idée très romantique si je n'avais pas reconnu immédiatement la dame qui s'en occupait.

Elle avait toujours ses longs cheveux noirs et ses bijoux en argent autour du cou. Petite, je la prenais pour une sorcière. À tous les coups, ma tête lui rappellerait des souvenirs et j'aurais droit à quelques anecdotes ridicules me concernant.

On s'est postés devant la caisse.

J'ai aussitôt plongé la tête dans mon sac pour faire mine de chercher de la monnaie que Rémy n'a pas voulue.

Je n'aurais pas supporté devant lui des remarques du genre : « Alors, c'est pas papa qui t'accompagne ? », « On vient avec son chéri maintenant ? », « Tu te rappelles comme tu pleurais quand tu étais dans l'hélicoptère ? »

La limite d'âge n'existe pas pour monter sur le manège et la dame n'a pas eu l'air choquée qu'un garçon de quatorze ans lui achète deux tickets. On avait l'embarras du choix, le manège était désert. Lampe d'Aladin, camion de pompiers, tasse d'Alice au pays des merveilles ?

La musique de Madonna a donné le top départ, Rémy s'est jeté sur la toupie. Je l'ai rejoint. Si Malika m'avait vue, elle se serait esclaffée :

– Vous cherchez les sensations fortes ! Et après vous vous ferez une petite frayeur devant un DVD de Oui-Oui ?

Rémy a étendu ses bras sur le bord de la toupie, il a allongé ses jambes vers les miennes et m'a fixée droit dans les yeux d'un air énigmatique.

Qu'est-ce qu'il attendait ? Que je lui lance la première réplique de notre scène du *Médecin malgré lui* ? Que je lui demande où en étaient ses répétitions avec son groupe de rap ? Que je lui saute au cou pour mille bisous de rattrapage ?

Bien des soirs dans mon lit, j'avais rêvé d'une rencontre surprise avec l'irrésistible Rémy et, dans mon nouveau journal intime – un cahier qui n'a servi que pour la dernière leçon d'histoire et dont j'ai arraché les premières pages –, j'ai dessiné une bouche pulpeuse au feutre rouge et j'ai écrit dessous :

Rémy, je t'aime.
Quand nos bouches se retrouveront-elles ?

Maintenant évidemment ! Le moment était enfin arrivé. Sa bouche était aussi pulpeuse que mon dessin.

Bisou baveux

– C'est parti, mes chéris ! a clamé la dame du manège dans son micro.

Dès le démarrage, j'ai saisi le volant et j'ai tourné la toupie de sorte qu'elle ne me voie pas de face.

– Je peux ? a demandé Rémy en prenant le volant.

– Tu veux ?

Et il a fait tourner la toupie comme un dingue alors qu'on n'avait même pas attaché nos ceintures de sécurité. Tout se mélangeait autour de moi : les voitures, la gare, le pont, les feux rouges, la boulangerie, le rond-point, les chaises en plastique. Et le visage de Rémy.

– T'as l'air bizarre, s'est-il écrié.

Oui, je me sentais bizarre. J'avais l'impression d'être une feuille de salade qui s'agrippe aux parois de son essoreuse pour ne pas être éjectée.

– T'as pas l'habitude ? a-t-il demandé.

Non sincèrement, je n'ai pas l'habitude de me transformer en feuille de salade.

Soudain, j'ai ressenti une horrible envie de vomir. L'image des gâteaux à la crème dans la vitrine de la boulangerie m'est revenue à la mémoire et a manqué de me faire perdre le contrôle de mon estomac. Rémy a ajouté :

– Ça tourne la tête, hein ?

– Qu'est-ce que tu dis ? J'ai l'air bête ?

– Tu veux ralentir ?

– Vomir ? Non, non.

On a atteint la vitesse critique. J'ai senti mon estomac s'envoler et se disperser dans mon corps. La salive a jailli dans ma bouche. J'ai serré les mains de Rémy posées sur le volant.

– Tout va bien ? s'est-il inquiété.

– Un peu rapide, ai-je marmonné sans desserrer les dents de peur que ma cantine de midi se déverse dans la toupie.

Rémy a bloqué le volant et la toupie s'est arrêtée net. J'ai basculé vers lui et je me suis retrouvée la tête sur ses genoux. Un filet de salive a coulé sur son jean mais j'ai réussi à éviter le pire.

– L'atterrissage est un peu brusque, a-t-il constaté.

– Juste un peu ?

Il m'a dévisagée d'un air qui n'avait plus rien d'énigmatique. Il m'a prise dans ses bras et il s'est penché vers moi. Pitié, pas un baiser sur ma bouche pleine de bave ! Rémy n'aurait pas assez d'un super spectacle de fin d'année pour effacer ce souvenir calamiteux. Il en parlerait à ses copains, ça ferait le tour du collège et tous les garçons m'infligeraient un « slurp » dégoûtant en me croisant dans les couloirs.

Je me suis extirpée de ses bras, j'ai passé mes doigts dans mes cheveux pour les remettre en place et je l'ai fixé comme si j'avais une annonce très importante à lui faire.

– Je t'aime, Rémy.

– Ça pose un problème ?

– Euh… non.

Il a remis ses coudes sur le dossier de la toupie et m'a examinée à nouveau de son air énigmatique.

Est-ce que mon « je t'aime » manquait de crédibilité ? Je ne suis pas experte en comédie, moi ! Je ne prends les cours de Malika que depuis deux ans. Alors quand ce n'est pas mon cœur qui parle mais mon estomac, ça se voit tout de suite.

Je n'ai jamais autant apprécié la fin d'un tour de manège. Je suis descendue de la toupie en titubant. Je me suis rattrapée aux trois petits cochons et à la moto pour ne pas m'effondrer.

La dame m'a envoyé un sourire discret. J'ai détourné le regard pour qu'elle n'envisage même pas de m'adresser la parole.

– Camilllle ! Hou hou ! s'est écriée une voix provenant de l'endroit où s'asseyait mon père six ans auparavant.

Oh non, Malika ! Elle tenant un pain au chocolat dans une main et dans l'autre son portable avec lequel elle me filmait. Elle l'a fermé d'un coup d'index et elle s'est exclamée :

– T'en fais une tête ! Il a essayé de dégrafer ton soutien-gorge ?

Elle m'a lancé un clin d'œil amusé.

– Tu n'es pas au CDI ? ai-je demandé. Et Antoine ?

– À la rentrée débrouille-toi pour avoir un portable, j'aurai moins de mal à te retrouver. Mon téléphone ne fait pas encore GPS à copines.

Elle n'a pas répondu à ma question à propos d'Antoine. D'habitude, quand on se retrouve, elle me saute dessus pour me montrer pendant un quart d'heure sa série de photos : Antoine penché sur son cours de maths, Antoine et elle en train de s'embrasser, Antoine qui exhibe ses biceps l'air fier de lui...

Elle a mordu dans son pain au chocolat et a continué :

– J'ai essayé de te rattraper pour rentrer avec toi. Je me disais qu'on pourrait réviser les maths ensemble.

Elle m'a serrée par le cou et m'a glissé d'une voix pleine de sous-entendus, en visant Rémy :

– Mais tu as mieux à faire !

– C'était juste en attendant...

– En attendant quoi, un baiser d'amour ou...

Tout à coup, elle a hurlé :

– Le bus ! Dépêche, on va le rater !

J'ai sauté sur mon sac et j'ai détalé sans prendre le temps de dire au revoir et merci à Rémy. Il est resté planté devant le manège, l'air de dire : « Mais qu'est-ce que je fais avec cette fille ? » Il n'a pas dû comprendre pourquoi je gâchais une occasion si belle de nous retrouver.

Patience Rémy... plus qu'une semaine jusqu'à la fête de fin d'année, et notre amour refleurira comme aux premiers jours.

– Cours, cours ! a crié Malika, un pied sur le trottoir et l'autre sur la marche du bus pour l'empêcher de partir.

Enfin, je suis montée dans le bus, je me suis affalée sur la première banquette libre et j'ai repris mon souffle en réalisant ce que je venais de faire : planter Rémy devant le manège sans même le remercier ni lui dire au revoir ! Rémy, qu'est-ce que j'ai fait ?

– Tu vas souffrir, mardi, pendant les quarante minutes d'endurance si t'es pas capable d'attraper un bus ! s'est moquée Malika. Moins dix sur ta moyenne de sport !

Ce vendredi-là, c'est dans le cœur de Rémy que j'ai chuté d'au moins dix points. Cinq pour le baiser détourné et cinq pour le départ précipité.

Je l'ai constaté dès le lundi. C'est à peine s'il m'a reconnue quand il m'a croisée dans les couloirs. J'ai arrêté d'écrire mon journal intime. Par superstition, je ne raconte pas les événements négatifs de ma vie, ni mes craintes les plus fortes de peur qu'elles ne deviennent réalité. J'ai juste effleuré du bout de l'index la bouche rouge que j'avais dessinée en première page et j'ai répondu à la question posée dessous :

– Bientôt, très bientôt...

Quatre jours plus tard, en endurance au milieu de la cour, je m'efforçais de courir comme une pro pour ne pas dégringoler plus bas dans son estime. Mais sur les dix-huit minutes qu'il nous restait à en baver, on avait encore le temps de se ridiculiser bêtement.

Dans le décor

Tout a basculé à la vingt-quatrième minute. À ce moment-là, nos supporters de la salle 8 ont eu un pic d'inspiration. Nono, hilare, tenait la feuille contre le carreau et Farid la remontait pour qu'on la voie bien. C'était une caricature de Malika et moi en pleine action : gouttes de sueur, joues gonflées, cheveux collants et yeux révulsés, tout y était. Leur prof a confisqué l'œuvre d'art et l'a jetée dans la corbeille. Rémy semblait toujours absorbé par son classeur.

– Insupportables nos supporters, ai-je déclaré.

D'habitude Malika aurait sauté sur l'occasion pour critiquer son frère et ses copains mais pas un mot n'est sorti de sa bouche.

– Malika ?

J'ai tourné la tête. Elle n'était plus à côté de moi.

– Malika ?

J'ai pivoté. Elle était arrêtée au niveau de la salle 8, les bras ballants, le regard hagard et le teint couleur lavabo.

Je sais quand ma copine fait du cinéma mais là je peux vous assurer qu'elle ne plaisantait pas. Elle n'avait plus une trace de rose sur les lèvres, la moitié de ses cheveux s'étaient échappés de sa pince et son jogging frôlait le bitume.

– Camille, je...

Elle n'a pas terminé sa phrase, elle s'est écroulée par terre. Je n'ai pas eu le temps de la rattraper.

– Malikaaaa ! me suis-je écriée. Réponds-moi, dis quelque chose !

Mais Malika ne bougeait pas. Pas l'ébauche d'un sourire, pas un clin d'œil de connivence pour me faire comprendre qu'elle simulait un coma.

Pourquoi ne l'avais-je pas écoutée quand elle m'avait parlé de son cœur fragile ?

Non-assistance à copine en danger, voilà comment s'appelait mon manque de réaction lors de son malaise !

Les coureuses se sont arrêtées les unes après les autres et ont toutes posé la même question : « Qu'est-ce qu'elle a ? »

Charlotte en a profité pour s'asseoir. Les quatrièmes de la salle 8 se sont levés, ravis d'assister au spectacle. Sûr que Rémy avait quitté son classeur des yeux et se disait en nous regardant : « Qu'est-ce qui leur arrive encore à ces deux cinglées ? » J'ai appelé le prof qui jouait avec son chrono comme avec une DS :

– Monsieur ! Monsieur !

Il s'est approché, tranquille, les mains dans les poches. C'était pourtant le moment de nous faire une petite démonstration de sprint.

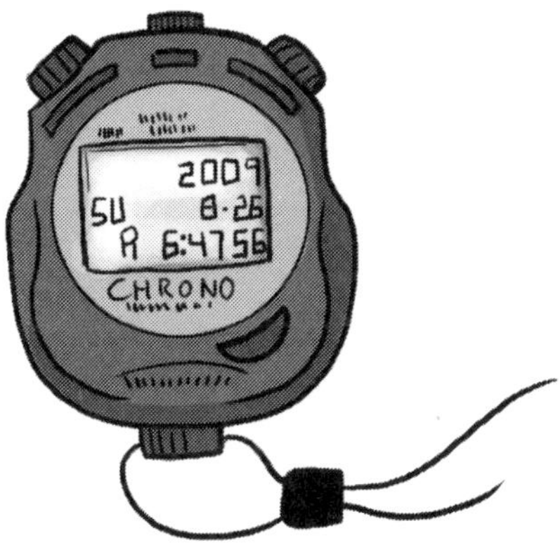

Quand il est enfin arrivé près de nous, il a frappé dans ses mains et il a grogné :

– Allez, on court ! Hop, hop, hop !

Et toutes les coureuses sauf moi se sont envolées comme des pigeons affolés.

J'étais révoltée. Ça ne lui suffisait pas, une élève dans les pommes ? Il avait décidé de nous achever les unes après les autres ?

Je me suis écriée :

– Il faut emmener Malika d'urgence à l'infirmerie. Son cœur a lâché ! On doit appeler son médecin, aller chercher son carnet de santé, alerter ses parents !

– Tu es toujours là, toi ?

– Je suis sa copine.

– Tu veux un zéro en endurance ?

– On ne se quitte jamais.

– C'est bien ça, tu veux un zéro en endurance.

Je suis partie à contrecœur. J'ai carburé pour faire le tour complet, retrouver Malika et vérifier que Ribéry avait lâché son chrono et faisait le nécessaire pour la sauver.

– Alors, c'est grave ? ai-je demandé en arrivant.

– Qu'est-ce qu'elle veut encore, la vedette ? Une heure de colle ?

Une heure de colle en fin d'année pour assistance à copine en danger ? Moi qui n'en avais pas eu une seule depuis le début du collège !

J'ai repris la course sans quitter Malika des yeux. Je me fichais pas mal de ma façon de courir, de mes joues rouges et de mon tee-shirt qui glissait sur l'épaule. Rémy pouvait bien m'observer et se demander ce qu'il faisait avec moi. De toute façon, je ne pouvais pas descendre plus bas dans son estime. Il faudrait même que je pense à arracher la première page de mon journal. Ridicule, cette bouche dessinée avec Rémy écrit en dessous.

Malika s'est relevée et, sans un regard dans ma direction, elle a traversé la cour comme un zombie pour s'isoler dans la salle qui nous sert de vestiaires. Elle ne jouait pas la comédie, Ribéry l'avait enfin compris. Ça n'avait pas l'air de le préoccuper beaucoup, car il s'est replongé illico dans sa partie de chrono-DS.

Après quarante minutes de transpiration, j'ai trouvé un peu de forces pour courir jusqu'aux vestiaires. Dans quel état allais-je découvrir Malika ? En pleurs sur le bureau ? Étendue par terre, réclamant Antoine pour le bouche-à-bouche ? Faisait-elle les cent pas, furieuse de n'être pas à l'infirmerie sous assistance respiratoire ? S'énervait-elle sur son portable pour joindre SOS-élèves en détresse ? M'en voulait-elle pour ma négligence ? La salle était sombre, je ne la voyais nulle part.

– Malika ? ai-je murmuré.

– La forme, Camille ? Tu tiens encore debout ?

Je me suis retournée. Malika était assise près du tableau, son cahier de maths sur les genoux. Je me suis approchée, les jambes flageolantes, en prenant appui sur les tables.

– Et toi, tu te sens comment ? ai-je interrogé, prête à improviser un massage cardiaque.

– Au top ! J'ai eu le temps de réviser le dernier chapitre de maths. Maintenant je suis au point pour le contrôle.

– Mais tu n'es pas…

– Non je ne suis pas...
– Mais alors, tu...
– J'assure les félicitations, voyons !

Au mot « félicitations », ses yeux noirs ont clignoté comme des spots. Je me suis écroulée sur l'estrade, à bout de forces. J'avais risqué un zéro, une heure de colle et j'avais perdu au moins trois points avec Rémy à cause d'un chapitre de maths à réviser !

Malika a rangé son cahier et a sorti son portable pour me photographier sous tous les angles. J'ai pris la bouteille d'eau dans mon sac et j'ai bu à grandes gorgées pour me remettre de mes émotions.

– Mollo sur l'eau, Camouille, sinon tu auras des grenouilles pendant le devoir, a lancé Malika. Ça va me déconcentrer.

Malika avait bien changé depuis qu'elle sortait avec Antoine. Elle était devenue studieuse et avait remonté sa moyenne en flèche. Elle comptait finir l'année en beauté avec les félicitations et elle savait que ce n'était pas avec l'EPS qu'elle les obtiendrait. Par contre le contrôle de maths était décisif, la prof nous avait avertis.

J'ai appliqué la bouteille d'eau fraîche sur mes joues pour faire baisser la température de mon corps.

– Et j'y ai cru ! me suis-je exclamée.

– Normal, c'était fait pour.

Elle s'est levée. Elle a pris la pose d'une actrice face aux caméras, les cheveux sur une épaule, la bretelle de débardeur glissant sur l'autre et elle a dit :

– Alors, casting réussi ? Je me suis tué la fesse quand je suis tombée mais ce sont les risques du métier !

Elle a tourné son portable vers elle et s'est photographiée. Malika est vraiment une bonne comédienne. Même moi, j'étais tombée dans le panneau. Si elle était aussi convaincante samedi quand on jouerait *Le Médecin malgré lui*, on cartonnerait et je remonterais de quelques points dans l'estime de Rémy.

Mais à quelques jours du spectacle, notre Molière était loin d'être prêt. J'avais promis à Littlebit, notre prof d'anglais qui s'occupe de la programmation, qu'on serait au point, même si on n'était jamais venues à ses répétitions du midi en salle 16 bis.

Malika n'avait pas le temps, elle travaillait au CDI avec Antoine pour assurer ses félicitations. Quand je lui demandais :

– Et Molière ?

Elle posait son index sur ma bouche et soufflait :

– Chut ! Pas un mot sur le spectacle avant les résultats du conseil de classe.

D'après elle, trois jours de répétitions, c'était bien suffisant, pas la peine de s'ennuyer avant. Malika, c'est dans l'urgence ou rien.

– Une petite montée d'adrénaline et zou ! a-t-elle l'habitude de dire.

Je ne demandais pas mieux que de la croire. Je nous voyais immortalisées en une du journal du collège, sous le titre : *Les révélations de la soirée* ou *Actrices en herbe* ou encore *On se souviendra d'elles*. Rémy s'excuserait pour le tour de toupie de folie, je m'excuserais pour cette histoire de bus et le « je t'aime » raté. On tomberait dans les bras l'un de l'autre, on s'embrasserait et je ne ferais plus le yo-yo dans son estime.

Il se dirait : « Qu'est-ce qu'elle est bien, cette fille ! » Je serais enfin là où j'ai toujours voulu être : dans son cœur et nulle part ailleurs. Je dessinerais sur la première page de mon journal intime un gros cœur bien rond et bien rose avec nos prénoms en croix attachés à jamais autour de la lettre M. M comme aime, évidemment !

Alors vite, les félicitations et à fond les répétitions !

Fixation sur les félicitations

On était prêts à bondir sur le téléphone de la maison posé sur la table basse. Malika n'avait plus de crédit depuis le début du mois. On avait laissé au moins cinq messages aux délégués pour qu'ils nous appellent chez moi mais on était sans nouvelles.

Pour une fois, Malika et Antoine ne se tenaient pas les doigts dans les doigts, ne s'enroulaient pas les pieds dans les pieds et ne s'embrassaient pas en public. Même moi, j'avais la gorge nouée. Si Malika n'obtenait pas les félicitations, elle n'aurait pas le temps de se remettre de sa déception et notre spectacle tomberait à l'eau.

Mon père a allumé l'ordinateur en sifflotant gaiement et a lancé :

– Toujours pas de nouvelles ?

Qu'est-ce qui lui prenait tout à coup ? Il voyait pourtant bien que Malika perdait son humour.

– C'est inquiétant, a-t-elle renchéri.

Elle a pris le téléphone et l'a fait tourner sur la table comme si elle entamait une séance de spiritisme pour savoir qui de nous trois aurait les félicitations.

– Quand ils ont du retard, c'est plutôt mauvais signe, non ? a ajouté mon père sans décrocher l'œil de l'écran.

Ma mère a gloussé derrière son courrier. Les bonnes blagues de mon père ne font plus rire qu'elle depuis belle lurette. Mes parents sont fortiches pour se moquer des autres mais ils feraient bien de se regarder dans un miroir de temps en temps. Eux, le soir quand ils rentrent du boulot, c'est direct boîte aux lettres-chèques-Internet, au lieu de « Bonsoir chéri, ça va aujourd'hui ? ». Je ne leur donnerais pas les félicitations de la passion si j'assistais au conseil de maison de leur treizième année de mariage. Tout juste les encouragements.

– Mauvais signe pour qui ? a demandé Malika.

Le téléphone a tournoyé et s'est arrêté sur moi. Je l'ai poussé discrètement pour qu'il se tourne vers ma copine.

– Pour les élèves tangents. Les autres bien sûr, c'est vite fait.

– Mais non, il plaisante, a dit ma mère en jetant des prospectus à la poubelle.

– Et puis on peut très bien vivre sans les félicitations, a enchaîné mon père.

– « On » peut-être, mais pas moi ! s'est écriée Malika. Ils hésitent sur mon cas, c'est sûr. Ils vont y passer la soirée et la nuit, réunir tous les profs du collège pour délibérer. Ils devront contacter le rectorat. Ça va prendre des jours et des jours.

– Mais non ! me suis-je exclamée.

– Je suis sûre que c'est l'exo de maths que je n'ai pas fait au début du trimestre qui me pose problème, m'a-t-elle interrompue. Et puis je n'ai jamais rendu le devoir facultatif de français.

– Si c'était facultatif, ils ne peuvent pas en tenir compte... ai-je déclaré.

– Le prof d'histoire a forcément vu que j'avais copié les réponses sur toi aux dernières questions de l'interro surprise.

– Mais non, il aurait divisé notre note par deux s'il s'en était aperçu.

– Et si c'était ce faux jeton de Ribéry qui refusait de me donner les félicitations ? Lui, c'est la dernière fois qu'il me fait courir, même avec le chrono sur la tempe !

Je me suis rapprochée d'elle et j'ai posé ma main sur ses doigts glacés.

– Mon père adore provoquer, tu le connais, ai-je soufflé. Si tu rentres dans son jeu, il va continuer. Il est capable de te mettre dans la tête que tu risques de redoubler.

– Mais bien sûr que je peux redoubler ! Tout le monde peut redoubler ! Il suffit que les profs t'aient dans le nez ou que ton frère travaille comme un pied !

Je me suis tournée vers Antoine. Ses arguments auraient sans doute plus de poids que les miens pour rassurer Malika.

– Antoine, franchement elle s'inquiète pour rien, tu ne trouves pas ? Elle va les avoir les félicitations, non ?

Jusque-là, Antoine n'avait pas décroché un mot pour réconforter sa petite copine. Qu'est-ce qu'il attendait ? C'était son rôle de lui porter secours dans ces moments-là, non, il n'avait pas encore compris ça ?

Mais Antoine fixait le téléphone bêtement sans réagir. Il n'avait pas tant changé finalement. Même s'il portait le tee-shirt Superman que Malika lui avait offert, je ne pouvais pas m'empêcher de l'imaginer avec ses anciennes chemises fermées jusqu'au dernier bouton.

Il avait une façon bien à lui de se tenir sur le canapé, raide comme s'il était assis sur des parpaings. Tout le monde le félicitait pour son nouveau look depuis qu'il était avec Malika, son gel dans les cheveux, son déodorant très masculin, ses boutons disparus comme par magie. Seulement pour moi, Antoine était resté Antoine même si la façade était un peu différente.

Enfin, il s'est raclé la gorge pour évacuer les cinq chats coincés à l'intérieur et il a répondu, le regard complètement absent :

– Sûrement.

– Tu n'as pas l'air convaincu ! s'est écriée Malika.

– Si si, je pense que c'est bon pour toi. Tu vas les avoir, les félicitations.

Il a attrapé la main de Malika et lui a envoyé un bisou sec sur la bouche pour se faire pardonner de ne pas être assez rassurant. Allez Antoine, un petit effort, on ne croit pas un mot de ce que tu dis.

– Par contre, moi… a-t-il ajouté.

– Ah non, tu ne vas pas t'y mettre ! ai-je maugréé. Qu'est-ce que vous avez à vous torturer tous les deux ? C'est juste un conseil de classe !

– Mais tu ne comprends pas, Camille ! a hurlé Malika. Tu ne comprends jamais rien ! Pour toi, c'est facile la vie, les félicitations tu les as à chaque fois…

Bidibip. Tout à coup, le téléphone a sonné. On est restés tétanisés sur le canapé. Aucun de nous n'a osé tendre la main pour décrocher. Mon père a détourné la tête de son ordinateur et ma mère a levé les yeux de la facture. Le temps s'est immobilisé.

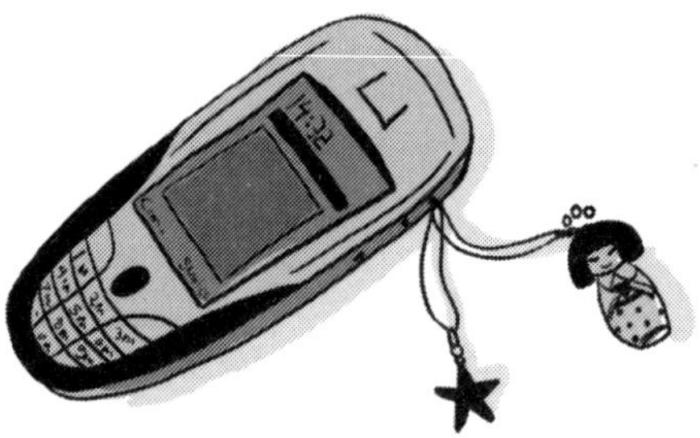

J'ai finalement tendu la main vers le téléphone quand, soudain, j'ai entendu mon frère répondre au premier étage. Mon cœur a bondi. Tom est incapable de prendre un message ! Il déforme tout quand ce n'est pas pour lui.

On s'est précipités dans le couloir et on a grimpé les marches quatre à quatre. Il avait déjà raccroché. Je l'ai attrapé par son sweat et j'ai hurlé :

– C'était qui ?

Il s'est dégagé et a interrogé :

– C'est une question de vie ou de mort ?

– Exact !

– C'était la déréglée de classe.

– La déléguée, tu veux dire !

– Ah oui, la dégueulée, il a pouffé.

– Et alors ? On a les félicitations ?

Il nous a regardés les uns après les autres avec une tête pas possible, prolongeant au maximum le suspense.

– Oui, tous les trois, a-t-il lancé.

– Tous les trois ! ai-je hurlé. Hourra !

Je lui ai fait deux bises sur les joues. Malika a sauté au cou d'Antoine en hurlant de joie et ils se sont écrasés sur la moquette en s'embrassant, sous le regard éberlué de mon frère. Enfin, quand ils se sont relevés, Antoine a inspiré comme s'il sortait la tête du grand bain après une longueur sous l'eau.

– Sauvés, on est sauvés, a-t-il lâché.

Oui, on était sauvés. Antoine, car il n'aurait jamais réussi à consoler Malika si elle n'avait pas eu ses félicitations. Moi parce que, maintenant qu'elle était dispo, on allait pouvoir répéter notre scène du *Médecin malgré lui*.

J'avais encore toutes mes chances pour une soirée de folie avec Rémy samedi après un succès garanti.

Malika a bondi comme un feu d'artifice de 14 juillet. Elle a posé ses mains chaudes sur mes joues et a demandé :

– Bon, on en est où pour le spectacle de samedi ?

– À quelques années-lumière.

– C'est tout ?

– Il faudrait qu'on soit très fortes pour rattraper le temps perdu.

Elle m'a pincé les joues et s'est exclamée :

– Alors on a toutes nos chances ! Car on EST très fortes, Caillou !

Ses yeux sombres ont brillé de mille étoiles comme un ciel d'été.

– Coca pour tout le monde !

On a sifflé la bouteille pour fêter l'événement et on a refait une photocopie de la scène parce que Malika avait perdu la sienne. Elle avait choisi le rôle le plus important mais je ne me faisais pas de soucis. Grâce aux félicitations, elle avait retrouvé son enthousiasme légendaire et sa totale confiance en elle.

Elle avalerait son texte en quarante minutes chrono avant de se coucher et on se retrouverait le lendemain à la récré pour une répèt express et sans accrocs.

Littlebit, qui commençait à avoir des doutes sur notre motivation, verrait de quoi sont capables les deux stars du collège. Et Rémy craquerait pour moi.

Les vedettes en répèt

Vendredi, 13 h 45 précises, convocation en salle 16 bis. Les tables et les chaises avaient été poussées pour créer un espace de répétition. Littlebit et la documentaliste, son assistante pour le spectacle, étaient assis devant le bureau. La documentaliste, on l'appelle Sephora depuis que Malika a flashé sur son parfum qui embaume le CDI.

On a attendu que Priscilla et ses copines aient fini leur défilé de mode spécial printemps-été pour franchir le seuil de la porte. Littlebit s'est levé pour ouvrir une fenêtre et il a déclamé d'un ton théâtral :

– Ah ! Camille et Malika, enfin ! Entrez !

– C'est ici la Star Academy ? a fanfaronné Malika. Où sont les caméras ?

On n'avait eu que dix minutes pour répéter le matin pourtant on ne s'était pas trop mal débrouillées. Pourvu qu'on assure aussi bien devant les profs !

Malika a sorti les photocopies pendant que Littlebit se rasseyait.

– Je vous rappelle que la représentation, c'est demain, a-t-il lancé. Celles qui ne savent pas leur texte ne jouent pas.

Effarée, je me suis tournée vers Malika et je lui ai lancé :

– Tu ne l'as pas appris ?

Ce matin, on avait répété texte en main pour aller plus vite mais j'étais persuadée qu'elle le savait. Mon cœur s'est emballé. J'ai vu trouble comme si je n'avais plus mes lunettes, pourtant je les sentais me comprimer la tête.

J'ai refait éveillée le cauchemar qui me hantait depuis des nuits. On était sur scène, c'était à Malika de parler et elle restait muette. Rémy et ses copains, mes parents et mon frère, les profs et le principal du collège avaient les yeux braqués sur nous. Littlebit avait beau lui souffler les répliques depuis les coulisses, Malika ne réagissait pas. Je fondais en larmes devant la salle entière. Et je me réveillais à la fois terrorisée et soulagée que ce ne soit pas la réalité.

Il était 13 h 50. Littlebit ne nous avait toujours pas mises à la porte de la salle 16 bis. Le sourire microscopique de Malika a confirmé qu'elle ne savait pas son texte.

Les félicitations ne lui avaient pas donné le courage de s'y mettre. Depuis jeudi elle cuvait son bonheur post-conseil de classe.

Elle se moquait de tout, de la sonnerie pour aller en cours, de la queue pour entrer à la cantine, de l'interdiction de papoter en classe, de moi, d'Antoine et de tout ce qui existait sur terre en dehors d'elle.

Elle s'admirait dans n'importe quel objet qui pouvait refléter son image : une vitre du couloir, une cuiller à la cantine ou la branche en métal de son stylo à plume.

– Bon, les filles... a soupiré le prof d'anglais en agitant les narines.

En un quart de seconde, ma copine s'est transformée en Britney Spears des mauvais jours. Elle a mis le dos de sa main sur son front et elle a marmonné, les yeux brillants de larmes :

– Qu'est-ce qui m'arrive ? Je perds la mémoire, j'ai le cerveau ramollo et les neurones dans les doigts de pied. Une chaise, je vous en supplie, ou je meurs !

Ah non, elle n'allait pas faire le coup du coma à tous les profs !

– Il vous reste cinq minutes pour rapatrier vos neurones jusqu'à votre cerveau, a lancé Littlebit en visant la pendule.

– Respire profondément, a conseillé Sephora. Tu es sans doute trop émotive.

– Moi émotive ? Absolument pas !

Malika a bondi de sa chaise, elle a bu une gorgée d'eau à sa bouteille.

Puis elle l'a refermée au ralenti.

– Tu veux changer de rôle ? lui ai-je glissé.

Avec le peu de texte que j'avais, elle pouvait s'en sortir. Moi je connaissais les deux rôles à force de relire ma photocopie.

Je pensais avoir trouvé la bonne solution quand, soudain, elle s'est affaissée sur son sac en sanglotant :

– Je suis nulle en théâtre.

– On annule si tu veux, ai-je soufflé.

Elle s'est redressée d'un coup.

– Surtout pas ! Tu es folle, Camille ! Pas question d'annuler !

– On peut changer le programme, a lancé Sephora qui tentait de nous mettre à l'aise. Vous connaissez un poème ?

– Un poème ? Quelle horreur ! s'est écriée Malika. Et pourquoi pas une recette de cuisine, tant qu'on y est ! Je n'ai pas envie qu'on se moque de moi jusqu'au brevet parce que je me suis pointée sur scène avec une récitation qui a barbé la moitié de la salle et déchaîné de rire l'autre moitié.

– On reporte la répétition alors ? ai-je chuchoté. À quatre heures, tu te sentiras mieux.

– J'ai une meilleure idée, a-t-elle déclaré comme si ses neurones étaient soudain remontés à la surface.

Ses yeux se sont mis à tourner et à scintiller comme deux boules à facettes au milieu d'une fête. Elle s'est écriée :

– On va danser !

– Danser ?

– Parfaitement ! Danser !

Littlebit a levé les yeux au ciel et s'est enfoncé dans sa chaise.

Malika a poursuivi :

– Il n'y a aucun numéro de danse pendant le spectacle et au moins trois extraits de pièces de théâtre. Ce que veulent les spectateurs, c'est voir des numéros variés. Avec de la musique et des corps qui se déchaînent sur scène, c'est tout de suite l'ambiance ! On va faire un show qui réveille les mamies, un numéro de dingos qui donnera envie au public de se lever de son fauteuil et de swinguer avec nous en claquant des doigts. Ce ne sera pas un simple spectacle de fin d'année, mais une énorme fête qui restera gravée dans nos mémoires. On va mettre le feu, Caillou. Le théâtre Boby-Lapointe n'aura jamais vu un truc pareil.

– Mais danser quoi ? Salsa, hip hop, techno ?

– C'est vrai, qu'est-ce qu'on pourrait danser ?

– Le slow ! j'ai soufflé.

– Si, j'ai trouvé ! On va présenter notre spectacle de danse classique ! Tout est prêt, Camille, la chorégraphie est en place, il est tout chaud tout cuit.

– De la danse classique au spectacle du collège ? Et tu crois qu'on va mettre le feu avec ça ?

Mais Malika avait retrouvé son enthousiasme débordant.

– Bien sûr que oui ! Les gens seront tellement surpris que ça les réveillera ! Ils vont se dire : « Quoi ? Elles ont osé ! » Caillou, on a bossé comme des malades pendant six mois sur cette chorégraphie pour une représentation d'une minute trente devant nos parents. Ah non, quel gâchis !

Moi, je participais au spectacle de danse uniquement parce que j'étais certaine que personne du collège, et surtout pas Rémy, n'assistait à mon très spécial « massacre sur musique ».

Jouer Molière sur scène, d'accord. Mais bouger mon corps devant le collège entier, c'était impossible.

Prise de panique, j'étais capable de rester bloquée une jambe en l'air et Littlebit serait obligé de me sortir de scène sur un brancard.

– Le programme est déjà chargé, a déclaré Littlebit. Si vous n'êtes pas prêtes, on supprime votre numéro.

– Le spectacle de danse, c'est la seule solution Camille, a tenté de me convaincre Malika. On n'a plus le choix. Ton texte, je n'y ai pas touché et je sais que je n'arriverai pas à avaler toutes ces lignes pour demain. C'est écrit trop petit. J'ai trop travaillé ce trimestre, mon cerveau n'accepte plus aucune info.

– Il reste deux minutes avant la sonnerie, a lancé Littlebit en se levant pour ranger la salle tandis que Sephora rassemblait ses papiers.

J'ai à peine eu le temps de bouger un cil que Malika s'est tournée vers lui et s'est écriée :

– Deux minutes, parfait ! Rasseyez-vous, on vous fait une démonstration. Attention les yeux...

– Sans musique ? ai-je murmuré.

– On s'en passera, je vais compter. Allez, retire tes shoes. Go !

Elle a envoyé valdinguer son pull sur une table et ses baskets sous une autre. Elle avait des chaussettes à rayures jaunes et orange et moi une vieille paire avec des marsupilamis.

– Trois-quatre ! a-t-elle lancé pendant que Littlebit et Sephora se rasseyaient.

Projos, rideaux, sono... Comme par magie, la salle 16 bis s'est transformée en salle de spectacle et on s'est retrouvées devant Littlebit et Sephora, inertes sur leurs chaises, à gesticuler dans tous les sens, en chaussettes, les cheveux dans les yeux et le tee-shirt au-dessus du nombril.

Malika comptait sur huit temps, à peine essoufflée. Moi je l'étais plus qu'après les quarante minutes d'endurance et ma mémoire était aussi raide que mes articulations. Je la suivais des yeux comme un robot pour qu'on soit synchro.

– Voilà ! s'est exclamée Malika au grand écart final lorsque la sonnerie a retenti.

Littlebit et Sephora sont restés silencieux, le temps de réaliser qu'ils étaient toujours dans la salle 16 bis et pas à l'hôpital psychiatrique.

– C'est une excellente idée, s'est extasiée Sephora, je n'ai jamais vu un numéro de danse classique à une fête de fin d'année !

– Bon, a approuvé Littlebit perplexe. Vous avez une tenue ?

– Oui, ma-gni-fique, a répliqué Malika.

– N'oubliez pas d'apporter le CD demain à la répétition générale, a soupiré Littlebit. Et la prochaine fois, n'attendez pas la veille de la représentation pour changer de numéro.

– Promis, a déclaré Malika en lui envoyant un milliard de SMS de tendresse dans un clin d'œil.

La prochaine fois ? Pourquoi, il y aura une prochaine fois ?

Les élèves se bousculaient à la porte. On a replacé les chaises et les tables. Le cours d'anglais a commencé. J'ai évité le regard de Littlebit pendant tout le premier quart d'heure. Au moment où j'ouvrais la fenêtre, j'ai vu le car des correspondants allemands se garer devant le collège. Les élèves de quatrième et troisième les attendaient sur le trottoir. Rémy était assis sur le dossier du banc proche de la sortie, le menton posé sur une main, seul. À quoi pensait-il ? J'aurais bien pris ce menton dans ma main pour approcher sa bouche de la mienne. Est-ce qu'elle m'attendait encore ?

Déshabillez-moi

Malika devait s'occuper des costumes et me rappeler. Mais à vingt heures, je n'avais toujours pas de nouvelles.

Je suis descendue vider ma corbeille à papier dans la grande poubelle sur le trottoir. Au moment où les petits morceaux de la bouche de Rémy que j'avais déchirée glissaient de ma corbeille, j'ai aperçu à l'autre bout de la rue la bande à Nono, multipliée par deux puisqu'ils avaient leurs correspondants allemands.

On aurait dit une patrouille de contrôleurs de bus qui vérifie si vous avez bien votre ticket de sortie de poubelle.

– Hou hou, Camille ! a beuglé Nono.

Je n'ai pas eu le temps de me réfugier chez moi. Pas de chance, je portais le grand tee-shirt Gaz de France que mon père m'a donné et qui me sert de chemise de nuit.

Ils sont arrivés sur moi en moins de deux et m'ont encerclée. J'ai vite refermé le couvercle de la grande poubelle pour éviter que Rémy ne compose le puzzle de la bouche et ne découvre son prénom.

– On leur fait visiter le quartier, tu viens avec nous ? a-t-il demandé.

Un des correspondants cherchait des mots dans un dictionnaire minuscule. Un autre admirait la poubelle grise au couvercle jaune comme si elle était signée M. Eiffel. Un autre encore essayait de déchiffrer l'inscription sur mon tee-shirt.

– Je ne sais pas si… je…

Rémy a passé sa langue sur sa bouche sans imaginer l'effet que ça produisait sur moi. Il a jeté un coup d'œil dans ma corbeille. Un morceau était resté coincé au fond. On pouvait y lire « my ». J'ai pensé qu'à coup sûr il allait reconstituer son prénom. Je n'ai pas pu m'empêcher de rougir.

J'ai prévenu Tom que j'allais me promener. Je lui ai demandé de prendre les messages téléphoniques et j'ai posé ma corbeille pour les suivre.

On est allés jusqu'au collège et on est revenus.

Au retour, j'ai senti les doigts de Rémy se mélanger aux miens. Derrière nous, Nono et Farid ont ricané.

– Ça va ? m'a demandé Rémy en sentant mes doigts se crisper.

– Oui, oui.

– Je te serre trop fort ?

– Non non, j'arrive encore à les bouger ! ai-je plaisanté.

Son correspondant nous examinait avec curiosité et il semblait prêt à noter ses remarques sur les mœurs françaises dans son petit carnet de souvenirs. Dès qu'un poteau s'est mis en travers de notre chemin, j'ai lâché la main de Rémy et je suis rentrée chez moi.

Sur le trottoir à côté de la poubelle, Malika et Antoine m'attendaient de pied ferme.

– T'étais où ? m'a demandé Malika.

– On t'a cherchée partout ! a ajouté Antoine.

– Tes parents ne savaient même pas où tu étais passée.

Évidemment, Tom n'avait pas transmis le message. Malika m'a épargné son discours sur les avantages du portable en cas d'urgence, elle a enchaîné directement sur le sujet qui les amenait chez moi.

– Bon, il faut qu'on parle au calme de notre numéro.

On est montés dans ma chambre. Malika s'est installée sur ma chaise à roulettes comme si elle me recevait officiellement dans son bureau de directrice générale d'une grande chaîne de télé. Elle a mis une jambe sur l'autre, très pro, elle a pris un stylo et elle a tapoté le capuchon sur un livre pour marquer son impatience d'arriver au but et de signer le contrat.

– Alors voilà, on a réfléchi, Antoine et moi, on a eu une nouvelle idée pour le spectacle. Vas-y Antoine, explique, a-t-elle déclaré.

Antoine, debout à côté d'elle, a pris une attitude de manager. Il a gonflé le thorax, s'est appuyé sur l'épaule de Malika et a lancé en me fixant droit dans les yeux :

– On abandonne la danse classique. Mauvaise idée. Vous allez faire un strip-tease.

– Un strip-tease ? ai-je répété.

– Un strip-tease, a confirmé Malika en enroulant ses cheveux en chignon et en plantant le stylo dedans pour le faire tenir.

Antoine s'est mis à marcher de long en large dans ma chambre.

– Pourquoi un strip-tease, Camille ? C'est la question que tu te poses et je te comprends. Alors je vais te donner la réponse. Un strip-tease, c'est le succès assuré. Avec un strip-tease, tout le monde s'identifiera à vous. Qui n'a pas essayé devant le miroir de sa chambre ou dans la salle de bains ?

Il s'est assis près de moi et m'a soufflé à deux centimètres du visage :

– Caillou, honnêtement, tu ne l'as jamais fait ?

J'ai hoché la tête.

– Mais il y aura les parents, les profs, le principal ! ai-je protesté.

– Ça les fera rire encore plus que les autres. Enfin des collégiennes qui osent ! Du jamais vu ! Imagine... Vous arrivez sur scène habillées et au fur et à mesure vous enlevez tout.

– Tout ? a questionné Malika avec horreur, comme si elle entendait pour la première fois la proposition d'Antoine.

– En dessous, vous aurez un justaucorps et des collants noirs, bien sûr.

– Mais par-dessus on peut se permettre n'importe quel délire ! s'est exclamée Malika. On arrive, on retire nos fringues, façon « déshabillez-moi, mais pas trop vite, pas tout de suite... ». Super l'idée, non ? C'est pas moi, c'est lui. Bravo Antoine !

Elle a frappé dans ses mains trois fois et lui a envoyé un smack pour le remercier d'avoir des idées comme elle les aime, des idées à la hauteur de sa folie. Je m'étais trompée, Malika et Antoine étaient plus amoureux que jamais et leur histoire était loin de s'essouffler.

Moi, j'étais tellement surprise que je n'ai pas pu prononcer un mot. Déjà danser, ce n'était pas mon truc. Mais faire un strip-tease devant tout le collège, les profs, le principal, les parents et les correspondants, c'était carrément au-dessus de mes forces.

Malika a déballé le contenu de son sac sur mon bureau.

– Mets ça ! s'est-elle écriée en m'envoyant des vêtements sur les genoux.

– Maintenant ?

– Non, à Noël. Quand est-ce qu'on fait le spectacle ? Demain soir ! Alors on n'a pas de temps à perdre. Habille-toi.

J'ai examiné ce qu'elle avait prévu pour moi : une jupette plissée de majorette qu'elle devait porter à sept ans, un boléro en fourrure blanche et sa ceinture rose flashy. Lorsque j'ai levé les yeux pour protester, Malika était déjà prête. Elle portait un petit haut très court jaune citron à boutons, un slim bleu électrique, un sac à main argenté, des bracelets colorés, un foulard à paillettes et ses lunettes de soleil en forme de cœurs.

– On pourrait s'habiller comme ça pour aller au collège, ai-je glissé.

– Tu imagines qu'il veut voir quoi Rémy, samedi soir ? Deux sacs à patates sur scène ?

Non, évidemment, et comme je n'avais pas de meilleure idée j'ai accepté leur strip-tease. Malika m'a aidée à m'habiller.

Antoine aurait pu faire semblant de s'intéresser aux livres de ma bibliothèque mais il nous observait en souriant, les bras croisés. Le boléro n'avait pas de bouton et mon soutien-gorge dépassait, ça ne le dérangeait pas.

– Tu es ma-gni-fique, a exagéré Malika. N'est-ce pas, Antoine ?

– Une vraie star !

J'ai accroché le boléro avec une pince à linge récupérée dans la salle de bains. On a fermé les rideaux, on a lancé la chanson de Tokio Hotel qu'avait choisie Antoine et on a commencé à faire semblant de se déshabiller vu qu'on n'avait rien en dessous. J'imitais Malika et on n'arrêtait pas de pouffer de rire.

À la fin, Antoine s'est levé et a déclaré :

– Pas mal. On va travailler maintenant.

Carton à la générale

Malika n'a pas quitté son portable pendant la répétition générale du samedi après-midi. De qui attendait-elle un coup de fil ?

Quand je lui ai posé la question, elle m'a répondu en caressant du pouce les touches de son téléphone :

– T'es bien curieuse, ma petite !

À la pause, elle a mis son téléphone dans la poche arrière de son pantalon bleu électrique et on est montées pour remettre notre CD au mort vivant, le régisseur, habillé en noir des chaussures aux lunettes, le visage très pâle, entouré de quatre élèves qui apprenaient le fonctionnement des lumières et du son.

– On va faire un carton, je le sens, a-t-elle déclaré en m'adressant un clin d'œil, simplement parce que le mort vivant lui avait souri en prenant le CD.

On se dirigeait vers les coulisses lorsque le téléphone de la régie a retenti. Malika a décroché. Elle avait à peine dit « allô » que son portable s'est mis à faire de la musique dans son pantalon moulant.

– Réponds, a-t-elle articulé en me désignant sa poche.

Je n'aime pas décrocher à la place de quelqu'un mais j'ai obéi. Je me suis précipitée, j'ai sorti le téléphone de son pantalon d'une main stressée et je me suis jetée sur la touche verte.

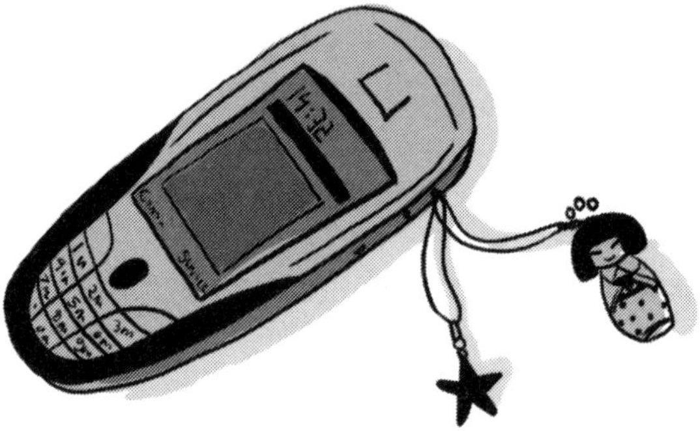

– Allô, Malika ? ai-je entendu.

– Non, c'est Camille.

– Camille ? C'est Benjamin.

– Benjamin ?

– Benjamin Castaldi.

– Benjamin Castaldi ? Benjamin Castaldi ? Non !

– J'appelle pour notre interview.

– Interquoi ? Oui oui, interview, bien sûr...

– Rendez-vous au square après la générale, OK ?

– OK, je... mais... vous... le square de...

Il a raccroché avant la fin de mon bafouillage. À croire qu'il avait une dizaine de coups de fil à passer.

– Après c'est à nous, a dit Malika en raccrochant le téléphone de la régie.

Je me suis écroulée sur le tabouret du piano et je lui ai tendu son portable. Elle a effleuré ma main glacée et a demandé :

– Rien de grave ?

– Non, non...

– C'était qui ?

– Où ça ?

– Ben, au téléphone !

J'étais incapable de répondre. Malika éclaterait de rire si je lui disais que Benjamin Castaldi, le célèbre présentateur, nous avait donné rendez-vous pour une interview. C'était sûrement une blague de Farid et Nono.

– Alors, c'était qui, Caillou ?

Mon cerveau s'est remis en marche lentement et ma langue a réussi à bouger :

– Je ne sais pas. C'était pour une interview, je crois...

– Ah ! C'était Castaldi !

– Pardon ?

– Castaldi, a-t-elle répété tout naturellement.

– Oui c'est ça, Benjamin Castaldi.

– Je ne te l'avais pas dit ? Il fait un reportage sur la fête du collège. Il a besoin de deux jolies filles comme nous pour une interview.

– Benjamin Castaldi, le type de…

– Il apporte son matos, il nous filmera ce soir. Je lui ai dit : « D'accord pour une interview mais viens nous voir sur scène à la générale. »

– Tu lui as dit ça comme ça ?

– J'ai été directe. Il m'a promis qu'il essaierait seulement je le connais, il a toujours un milliard de trucs à faire.

– Tu le connais ? Depuis quand ?

– C'est Antoine qui l'a contacté. Je n'y aurais pas pensé.

– Il vient ici, à Boby-Lapointe ? Il va nous poser des questions ? Sur quoi ?

– Sur les répèts, comment on vit notre trac, où on a eu les costumes et tout le tralala… Les questions habituelles !

– Habituelles ?

Le problème, c'est que moi je n'ai pas une connaissance aussi approfondie que Malika des interviews people. Je la laisserai parler et je me contenterai de sourire avec naturel.

– Tu as préparé des réponses ? ai-je interrogé.

– Hou là là ! On reste nous-mêmes, c'est ce que les gens attendent. Ça ne sert à rien de se fabriquer une image.

– On ne peut pas improviser, c'est de la folie. Une interview, ça se prépare, c'est sérieux.

– On n'est pas des professionnelles ! On a treize ans et c'est la première fois qu'on se produit sur scène, on a droit à l'erreur.

– Je vais dire n'importe quoi, la terre entière va me voir bégayer, blêmir et bondir à chaque question.

– La terre entière, n'exagère pas !

– Je suis trop émotive, tu me connais. Je n'y vais pas.

– Dommage, Priscilla a eu son interview en début d'après-midi à la buvette. Ça a duré quinze minutes et il l'a trouvée super.

– Super ? Il a vu son défilé au moins ? Ses mannequins se déplacent comme des bulldozers.

– Comme quoi, pas la peine de complexer, Camille ! Nous, on va cartonner.

La lumière s'est éteinte. C'était notre tour. Concentre-toi, Camille, c'est la minute la plus importante de ta vie, ai-je pensé. Castaldi est peut-être incognito dans un coin de la salle. Une mauvaise impression et il annule son interview.

Je m'accrochais au rideau pour me remettre de la nouvelle quand le contenu du message téléphonique a émergé du fin fond de mon cerveau minuscule et tout froissé.

– On a rendez-vous au square de l'église, ai-je marmonné.

– Excellente idée ! On sera tranquilles. Allez, c'est à nous.

J'ai retiré mes lunettes et je les ai posées sur le tabouret du piano. Aucune star ne monte sur scène avec ses lunettes, c'est bien connu.

J'ai tenté de donner le maximum pendant la minute trente de répétition générale. Mais j'avais les bras qui tremblaient, les pieds qui hésitaient et les jambes raides.

Il faut dire que j'avais l'esprit ailleurs : l'idée que Castaldi avait repéré Malika sur simple photo m'obsédait. Malika avait-elle l'intention de faire carrière ? Quitterait-elle le collège en fin de cinquième pour tourner dans le monde entier ? Est-ce qu'on se verrait encore ? Je consolerais Antoine qui se retrouverait seul en lui disant qu'ils n'étaient pas faits l'un pour l'autre et je demanderais à Rémy de compenser mon manque de Malika.

Enfin, mon supplice a pris fin. Les élèves dans la salle ont applaudi, sifflé et crié bravo.

Littlebit a relu sa feuille et a ronchonné :

– J'avais noté danse classique…

– Camille a un ongle incarné, m'sieur, elle ne peut pas faire de pointes.

Je n'ai même pas protesté.

Littlebit nous a fait signe de filer en soupirant. L'heure de l'interview approchait.

J'ai dévalé les escaliers pour aller dans les loges vérifier ma coiffure et mon maquillage. J'ai préféré rester en tenue de scène pour faire meilleure impression. Quand Rémy apprendrait ce qui nous arrivait, il n'en croirait pas ses oreilles. Ma cote allait grimper et il me proposerait illico de vivre notre amour au grand jour.

Allez les stars, au square !

L'interview du siècle

Lorsqu'on est allées chercher Antoine pour se rendre à l'interview, mon cœur battait à toute allure. J'avais envie de parler à chaque élève qu'on croisait de notre rendez-vous avec le présentateur le plus connu de la télé. Malika, elle, était parfaitement zen.

Antoine et Jessy, comprimés dans une minuscule cage en verre, étaient en train d'installer la billetterie. Malika a posé trois chips sur le guichet et elle a demandé :

– Alors les petits poissons, on attend son miam-miam ?

Antoine a sursauté. Il s'est précipité sur la caisse et il a tourné la clef dans la serrure comme si on s'apprêtait à le braquer. Ma copine m'a lancé un clin d'œil.

– C'est le casse du siècle ! Il y a combien là-dedans ? Au moins cinq pièces d'un euro pour rendre la monnaie…

– Je ne sais pas, a répondu Antoine, soucieux d'en révéler le moins possible.

Il nous a examinées l'une après l'autre d'un air soupçonneux. Puis il a consulté sa montre pour nous faire comprendre qu'on avait cinq minutes de retard, il a remis la clef de la caisse à Jessy et il est sorti de son aquarium. Il était de la couleur d'un petit poisson rouge. Pas facile d'avoir autant de responsabilités !

À l'entrée du square, les mamies ont regardé d'un air amusé ma jupette de majorette et mon boléro tandis que je m'interrogeais. Et si Castaldi proposait à Malika une comédie musicale internationale et l'embarquait immédiatement pour lui présenter le directeur du casting ?

Mon regard se promenait aux alentours lorsque mon cœur s'est arrêté de battre.

– Rémy ! ai-je hurlé.

Rémy passait de l'autre côté de la place. Que faire ? Rémy ou l'interview ? Le square ou le trottoir d'en face ? Rémy m'a fait coucou de la main. Je me suis dirigée vers lui.

– Tu vas où ? a demandé Antoine en regardant sa montre. On a rendez-vous maintenant, on est déjà en retard.

– J'en ai pour trente secondes ! ai-je rétorqué.

Juste le temps d'expliquer à Rémy l'aventure incroyable qui nous arrivait. J'ai traversé la place en courant.

– Rémy ! Tu ne devineras jamais !

– Tout le monde se retourne sur toi ? a-t-il plaisanté en décortiquant ma tenue.

Il s'est approché de moi mais ce n'était pas le moment de s'attarder.

– On a un rendez-vous avec… devine qui ?

– Le pape ?

– Castaldi ! C'est incroyable, non ?

J'ai glissé un œil vers l'entrée du square pour vérifier que je ne loupais pas un épisode capital de l'interview et j'ai envoyé à Rémy un bisou qui vole. J'ai traversé comme une folle. Une voiture m'a klaxonnée et un vélo a fait un crochet pour m'éviter. J'ai eu de la chance d'arriver entière pour l'interview du siècle.

Je replaçais les pinces dans mes cheveux quand Antoine a murmuré très calmement :

– Il arrive.

Malika n'a pas sauté de joie comme elle aurait fait en temps normal. Elle est restée immobile telle la statue du square.

– Où ça ? Tu le vois ? Il est où ? ai-je demandé.

– Au feu là-bas, m'a expliqué Antoine. Il prend le passage piétons. Il fait le tour de la place.

Sans mes lunettes, je distinguais juste une ombre qui se déplaçait avec un sac sur l'épaule. J'ai soufflé dans l'oreille d'Antoine :

– Il a présenté quoi déjà avant ? Dis-moi, j'ai oublié !

Mais Antoine s'est avancé sur le passage piétons pour aller à la rencontre de Castaldi. Je me suis retournée vers Malika :

– Tu sais, toi ? Réponds-moi, vite !

Malika m'a dévisagée d'un air perplexe. Mon comportement devait lui paraître étrange. D'habitude, c'est plutôt moi qui reste calme et Malika qui s'emballe. Mais là, je ne sais pas pourquoi, je n'arrivais pas à garder mon sang-froid.

Soudain, Antoine s'est exclamé :

– Ah ! Salut Benjamin !

Benjamin Castaldi était arrivé ! Il était là, près de moi ! Mes jambes flageolaient, ma respiration se bloquait.

Il s'est approché de moi avec l'intention de me faire la bise.

– Camille, je te présente Benjamin, a déclaré Antoine d'un ton solennel. Benjamin, Camille.

J'ai aussitôt reculé d'un pas et je me suis tournée vers Malika :

– Mais j'ai bien entendu Castaldi au téléphone ! Benjamin Castaldi !

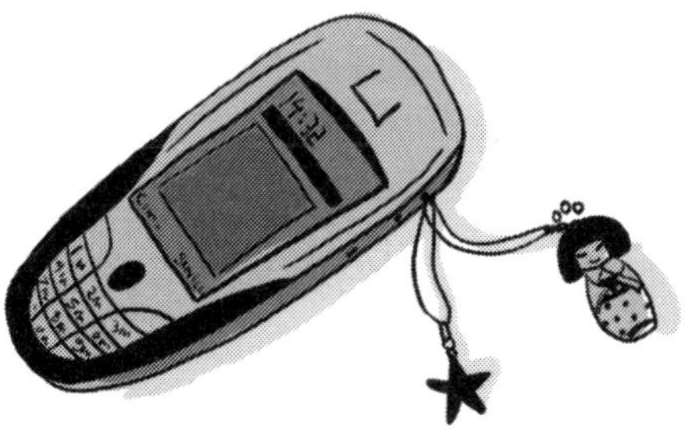

Malika a enfin quitté sa pose pour faire la bise au garçon et pendant qu'Antoine le questionnait à propos de sa caméra et de son matériel vidéo, elle m'a soufflé :

– Tu ne savais pas qu'on l'appelait Castaldi ?

– Pas du tout.

– Il s'appelle Benjamin Carbelli en réalité mais comme il ressemble comme deux gouttes d'eau au présentateur, tout le monde l'appelle Castaldi. J'étais persuadée que tu étais au courant.

Le choc était terrible. Comment avais-je pu imaginer une seconde que Benjamin Castaldi viendrait jusqu'ici nous interviewer ? Benjamin Carbelli est un élève de troisième que je connais de vue. Il s'occupe du club vidéo du collège et participe au journal.

– Alors la majorette, tu nous fais une démonstration dans le square en avant-première ! s'est-il exclamé en espérant me faire sourire.

– Très drôle, ai-je répondu d'un ton sec.

– N'aie pas peur, c'est juste une caméra ! On coupe au montage si on voit ta culotte !

– De plus en plus comique.

Rémy connaissait-il son surnom lui aussi ? J'ai respiré profondément pour refouler les larmes d'énervement qui me montaient aux yeux.

Benjamin a posé sa main sur mon épaule et m'a demandé :

– C'est toi que j'ai eue au téléphone tout à l'heure ?

– Oui.

– Capucine, c'est ça ?

– Camille.

– C'est cool d'avoir accepté l'interview. Alors Coline, tu es musicienne toi aussi ?

J'ai dégagé mon épaule.

– Camille, ai-je répété froidement. Et nous, on fait un strip-tease, pas de la musique.

– Antoine, tu ne lui as pas parlé de notre numéro ? s'est étonnée Malika.

– Si pourtant.

Benjamin a sorti sa caméra et il l'a bidouillée quelques instants. Il avait l'air aussi à l'aise avec sa machine que moi avec une pioche.

– Je fais une vidéo pour le collège et des articles pour le journal. Si vous avez des idées, je suis preneur…

– Tu en manques ? lui ai-je demandé du tac au tac.

– Pas du tout, j'ai ce qu'il faut mais…

Il s'est penché sur sa caméra d'un air inquiet.

– Tu veux de l'aide ? a interrogé Antoine.

– Elle met toujours du temps à chauffer. C'est un vieux modèle. La générale s'est bien passée pour vous ? Désolé, je n'ai pas pu y assister, mon vélo a crevé.

– Tu devrais appuyer sur « play », ai-je suggéré, le voyant rouge n'est pas allumé.

Il m'a regardée fixement en appuyant plusieurs fois de suite sur play.

– Tu vois bien que ça ne fonctionne pas…

– C'est la première fois que tu t'en sers ? ai-je interrogé.

– Ça doit être la batterie. Pourtant je l'ai rechargée avant de venir. Bon, je vais voir ça chez moi. J'espère que ce soir ça ira mieux. On remet l'interview, d'accord ?

– Quand tu veux, a répliqué Antoine.

Benjamin n'a pas pris le temps de remballer sa caméra. Il s'est sauvé à toute vitesse. Malika a éclaté de rire.

– D'accord, il manque un peu d'expérience mais tu ne trouves pas que c'est le sosie du présentateur ? Les mêmes cheveux, le même regard, le même prénom et presque le même nom, c'est fou !

– Le modèle original doit être plus doué, ai-je répondu.

– Qu'est-ce que tu veux, on a les journalistes qu'on peut !

Quand on a regagné le théâtre, Littlebit donnait ses dernières recommandations pour le spectacle. Antoine a compté l'argent récolté par Jessy pour acheter un bouquet de fleurs à notre prof d'anglais et à Sephora, les organisateurs de la fête. Malika s'était proposée pour le leur apporter sur scène.

On est rentrés chez nous pour un dîner léger après s'être donné rendez-vous devant le théâtre. Mais impossible de trouver Rémy avant de partir. Mon cœur ne l'a détecté nulle part.

Une fois à la maison, j'ai ouvert mon cahier à spirale et j'ai dessiné son visage pour me consoler.

Mais ses yeux étaient trop gros et sa bouche trop basse. J'ai tracé une bulle dans laquelle j'ai écrit :

Camille, je t'aime.

Et j'ai répondu à voix haute :

– Moi aussi Rémy, je t'aime. À ce soir.

Ce soir, promis, je redeviendrai la Camille que tu connais. Finis les délires, tout se déroulera normalement. On fera un strip-tease impec avec Malika et après, Rémy, on s'embrassera.

Les fleurs du crooner

À 19 h 30, j'ai retrouvé Malika devant le théâtre. Il fallait à tout prix qu'elle m'aide à reconquérir Rémy. J'étais en train de tout gâcher et elle ne se rendait compte de rien.

– Cailllllou ! s'est écriée Malika en haut des marches, un immense sourire aux lèvres.

Elle a fait semblant d'enlever sa veste en chantant notre musique pendant que je montais les marches.

Tous les regards se sont dirigés vers nous. Une dizaine d'élèves qui ne participaient pas au spectacle attendaient devant la porte. Un admirateur a même applaudi. La caméra de Benjamin était braquée sur nous.

– Alors, c'est parti ? nous a-t-il demandé tout en nous filmant.

Je lui ai tourné aussitôt le dos. Malika a posé une fesse sur le bac de fleurs en béton, elle a croisé les jambes et elle a balancé ses cheveux sur le côté. Elle s'apprêtait à jouer la star en interview lorsqu'une voix a murmuré dans notre dos :

– Psssit ! Malika, Malika ! J'ai trouvé les fleurs !

Benjamin a appuyé sur stop en secouant la tête avec un certain dépit, l'air de dire « On n'y arrivera jamais » puis il a réenclenché la caméra et s'est précipité vers un groupe de filles du défilé de mode pour les assaillir de questions.

On s'est tournées vers Antoine, caché derrière un pilier.

– Tu peux venir, a soufflé Malika, Littlebit est déjà entré.

Notre livreur de fleurs est sorti de sa cachette les mains derrière le dos et le sourire aux lèvres. Il portait un tee-shirt jaune « C'est qui le plus beau ? », acheté sur les conseils de Malika. Il s'est avancé au ralenti, nous a jeté son regard de James Bond et il a dégainé son bouquet en s'écriant :

– Opération fleurs exécutée ! Agent 007 à votre service !

Malika a fait sa grimace de dégoût en remontant le côté gauche de sa lèvre supérieure. J'ai bien cru qu'on allait partir dans un fou rire.

– Pourries, flétries, riquiqui et fatiguées de la vie, m'a-t-elle glissé à l'oreille.

C'est vrai qu'on distinguait à peine les couleurs des fleurs et que la moitié d'entre elles pendaient mollement sur leur tige.

– Tu ne l'as pas payé cher au moins ? a-t-elle soufflé en gardant son sérieux.

– Neuf euros au lieu de quinze, une promo, a répliqué Antoine en affichant un sourire de crooner.

Malika a effleuré une marguerite jaunie et a lancé :

– J'espère que tu n'es pas allé trop loin pour trouver un magasin.

– Même pas. Il y a un fleuriste à deux rues d'ici.

Elle a arraché une fleur violette.

– Arrête, tu vas tout abîmer ! s'est-il écrié.

– Ton fleuriste, ce n'était pas la poubelle du coin par hasard ? a-t-elle demandé.

– La poubelle du…

Antoine comprenait enfin que James Bond n'était plus avec lui.

Il a dégluti douloureusement et il a répondu :

– C'est l'intention qui compte. Et puis regarde la fougère comme elle est belle !

– La fougère, oui ! Le reste, tu peux le jeter. Je préfère mourir que de monter sur scène avec un bouquet pareil. Tu l'as acheté où ?

– Derrière la voie de chemin de fer. Juste à côté du cimetière…

À ces mots, Malika a éclaté de rire.

– Tu es allé au magasin de fleurs à côté du cimetière ? a-t-elle répété.

– Dans la vitrine, elles avaient l'air jolies, je t'assure, a-t-il insisté.

Malika l'a regardé fixement en secouant la tête.

– D'accord, je n'avais pas vu que le bouquet était fané, a-t-il avoué.

– Ce n'est pas grave, ai-je dit. Il n'y a que les gens qui ne font rien qui ne se trompent pas.

C'est ce que dit mon père quand il casse un verre en essuyant la vaisselle.

– Si c'est grave, Camille, a déclaré Malika sans rigoler. Débrouillez-vous mais je veux un bouquet digne de ce nom, pas un balai de sorcière. Ce n'est pas Halloween ce soir.

Et elle est entrée dans le théâtre sans se retourner.

Benjamin s'est jeté sur elle, la caméra à la main, et il a repris son interview :

– Alors Malika, qu'est-ce qu'on ressent avant de monter sur scène ?

Malika a aussitôt retrouvé son sourire en apercevant le petit voyant rouge de la caméra allumé.

– Le trac. Je n'ai jamais eu aussi peur de ma vie !

– Votre numéro est prêt ?

– Je l'espère. On l'a beaucoup répété, dans les moindres détails.

– De quoi s'agit-il exactement ?

– Ah ah, surprise ! Rendez-vous sur scène.

Elle a envoyé un clin d'œil à la caméra et a gagné les loges avec la dignité d'une diva, nous laissant plantés sur les marches avec notre bouquet pathétique.

Le trac attaque

Après le départ de Malika, nous nous sommes effondrés sur les marches, Antoine et moi. Malika avait raison, il fallait trouver un autre bouquet. Nono, Paolo et les élèves de la classe sont passés près de nous en nous demandant :

– Alors, le trac ?

Pour l'instant on n'avait pas le trac, on était aussi déprimés que notre bouquet. Et puis Charlotte est venue s'asseoir à côté de nous.

– J'ai peur, a-t-elle déclaré en claquant des dents.

– De quoi ? ai-je interrogé. Tu ne montes pas sur scène.

– Heureusement, sinon j'aurais une attaque fatale !

Elle s'est penchée vers le bouquet et a rigolé :

– Regardez, même les fleurs ont la frousse ! Je n'aurais jamais dû accepter.

– Tu as peur de tenir la buvette ? ai-je demandé.

– Tu ne te rends pas compte ! Ils vont débarquer en masse à l'entracte, je serai toute seule, personne n'a proposé de m'aider. Je vais bafouiller, renverser les verres, me tromper dans la monnaie.

– Je t'aiderai, ne t'inquiète pas, a dit Antoine en balayant la marche à ses pieds avec le bout du bouquet.

Charlotte lui a envoyé un bisou sur la joue pour le remercier et j'ai eu soudain l'envie irrésistible de le rassurer. Moi non plus je ne le laisserais pas tomber.

À cet instant, Rémy est arrivé, habillé tout en blanc. Il s'est penché vers moi pour m'embrasser mais, en voyant mon expression tragique, il s'est redressé et a murmuré :

– Quelque chose ne va pas ?

– Les fleurs pour le prof d'anglais et la documentaliste.

– Qu'est-ce qu'elles ont ces fleurs ?

– Regarde de plus près.

Il a fait mine de les examiner.

– Et alors ?

– Malika les trouve moches et elle ne veut pas les apporter sur scène.

– Et moi je dois tenir la caisse dans une heure, a déclaré Antoine en montrant sa main qui tremblait. Vu l'état dans lequel je suis, je n'y arriverai jamais.

Rémy s'est tourné vers l'entrée du théâtre.

– Vous n'avez qu'à cueillir celles-là ! a-t-il lancé en désignant le bac de fleurs qui trônait devant la porte vitrée.

– Le plus difficile, ça va être de détacher le bac, ai-je rétorqué pour plaisanter. Tu as un marteau-piqueur sur toi ?

– C'est vrai qu'elles sont belles, a murmuré Charlotte. Je voudrais bien avoir les mêmes dans un joli vase pour ma buvette.

On s'est regardés, Antoine et moi. On s'est rapprochés des fleurs. Il y en avait de toutes les couleurs. Elles feraient un magnifique bouquet.

J'ai eu envie de sauter au cou de Rémy et de l'embrasser sur la bouche pour le remercier mais il avait déjà franchi la porte vitrée.

– On l'a trouvée, la solution ! me suis-je exclamée. On garde la fougère et le papier transparent et on remplace les fleurs.

– Tu parles d'une solution ! s'est écrié Antoine. Désolé mais vandale, ce n'est pas mon rayon.

– Fais-le pour moi, ai-je tenté. Tu imagines dans quel état sera Malika si on n'a pas un bouquet correct ? On a un numéro à assurer, nous !

Il a secoué la tête.

– Alors trouve quelqu'un d'autre pour apporter ce bouquet d'horreurs sur scène, ai-je lancé en voyant l'heure à sa montre.

Il fallait que j'aille me maquiller, m'échauffer, me détendre. Malika était certainement en train de méditer selon la méthode de Littlebit. Allongée au sol, les bras en croix et les jambes en l'air, à moins qu'elle n'en soit déjà à l'étape où l'on doit imiter les cris d'animaux.

Soudain la porte du théâtre s'est ouverte et Malika a déboulé comme une furie, son crayon de khôl à la main, un œil maquillé, l'autre pas.

– Elles sont où ces fleurs de malheur ? Donne, je vais les rapporter. Si c'est fermé, je les pose sur le paillasson ou je les scotche sur la vitrine.

Elle a envoyé une claque au bouquet.

– Ce n'est pas normal de vendre des déchets pareils, a-t-elle ajouté en tentant de prendre le bouquet à Antoine.

– Moi il me plaît ce déchet, a-t-il résisté.

– C'est du vol ! Tu ne vois pas qu'ils ont profité de ta naïveté. Ah ! Il a dû bien rire le fleuriste du cimetière quand il t'a vu partir avec ton bouquet en décomposition avancée !

Elle lui a arraché le bouquet des mains.

– On a une solution, ai-je marmonné en tendant les doigts pour récupérer le bouquet.

– Ah oui ? Tu as une potion magique qui redonne de l'éclat aux fleurs, toi ?

Charlotte et Antoine se sont approchés pour essayer de reprendre le bouquet. Mais Malika les a menacés de la pointe de son crayon.

– Laisse-moi deviner. Tu comptes les tremper dans un bain de vitamine C ? Sortir la gouache et les pinceaux pour une rénovation ? Un petit coup de maquillage et c'est reparti ?

– Fais-nous confiance Malika, on a la solution, a assuré Antoine. On aura un beau bouquet.

J'ai regardé Antoine, les yeux écarquillés. Il avait enfin accepté notre unique solution.

– Tellement beau que j'irai l'apporter sur scène, a ajouté Charlotte.

La promesse de Charlotte a calmé Malika. J'ai récupéré le bouquet. Elle a baissé son crayon et elle a regagné les loges en silence.

– Prends celles avec des longues tiges, ai-je dit à Antoine en lui lançant un clin d'œil.

Il devrait être capable de s'improviser fleuriste même s'il passe plus de temps dans les dictionnaires que dans la nature. Je lui ai remis le bouquet avec précaution et j'ai passé la porte du théâtre. Le trac a immédiatement refait son apparition. Mon pouls battait si fort qu'un médecin m'aurait dispensée de sport et de scène jusqu'à la fin de ma scolarité.

Demandez le programme

Une fois maquillées et habillées, nous sommes allées dans les coulisses. Pour la concentration, c'était raté. Malika ne tenait pas en place. Elle entrouvrait les rideaux toutes les dix secondes pour observer la salle qui se remplissait. Les correspondants allemands se regroupaient sur les rangées du milieu, les élèves dans le fond et les parents plutôt devant. Mon père préparait la caméra et ma mère discutait avec les parents de Malika.

– C'est cool, il y a du monde ! s'est-elle écriée.

Moi qui peux courir quarante minutes dans la cour du collège, j'étais incapable de rester debout une minute de plus. Je me suis assise sur le tabouret pour bâiller tranquillement en attendant le début du spectacle.

– Allez, viens, on va faire des photos ! s'est écriée Malika en prenant son portable.

– Mais je…

– Il est où, ton Rémy ?

– Aucune idée.

– Au fait, c'est toujours le grand amour vous deux ?

Elle m'a prise par la main sans attendre ma réponse. On a fait un tour aux toilettes où j'ai tenu la porte de Malika. Puis on est allées à la buvette. Charlotte installait des piles de gobelets en plastique et les gâteaux. Je me suis écroulée sur une chaise de bar.

– Rien qu'à les regarder, je prends trois kilos ! s'est exclamée Charlotte. Surtout le gros là, au chocolat. Il me fait de l'œil, je vous jure ! Le morceau qui dépasse, vous le voyez ? Il n'arrête pas de gigoter pour me tenter. Mais je ne craquerai pas.

Lorsqu'elle a pris le plat pour le poser sur la table derrière elle, le morceau en question a glissé sur le comptoir.

– Qu'est-ce que je vous disais ? Il me cherche !

Elle l'a englouti en une bouchée. Elle a ramassé les miettes d'un revers de la main et nous a observées avec des yeux couleur nappage au chocolat intense.

– T'as pas vu Rémy ? lui a demandé Malika.

Charlotte a fait non de la tête et on est passées à l'aquarium où Malika a photographié Antoine et Jessy. Lui encaissait l'argent, elle donnait les billets.

– Alors, on aura de quoi se payer le restau jusqu'à la fin de notre vie avec la recette ? a interrogé Malika, qui semblait avoir oublié l'histoire du bouquet.

Antoine m'a fixée et a mimé une paire de ciseaux en pleine action. Il l'avait fait ! Je lui ai lancé un clin d'œil. Il m'a souri d'un air entendu et il a désigné le dessous du comptoir où il avait caché le nouveau bouquet.

– Ça va tous les deux ? Je ne vous dérange pas ? a sifflé Malika.

J'ai cherché une chaise pour m'asseoir mais ma copine n'avait pas terminé son petit tour. Elle a filé dans la salle de spectacle et je l'ai suivie, toujours aussi ramollo.

Rémy, assis sur l'accoudoir d'un fauteuil, discutait avec Priscilla, une fille de sa classe que je ne supporte pas depuis notre voyage en Angleterre. Il a fait mine de ne pas me voir. Alors que quelques secondes plus tôt j'étais au bord de l'endormissement, j'ai senti des crocs de tigresse sortir de mes mâchoires et des griffes pointues pousser à la place de mes ongles. J'étais prête à bondir à la gorge du premier qui me marcherait sur le pied.

Deux filles de quatrième, Marie-Amélie et Sarah, déambulaient entre les spectateurs pour vendre des programmes.

– Demandez le programme ! criaient-elles.

Elles se sont précipitées sur nous. J'ai secoué la tête pour refuser. Marie-Amélie a quand même fait son petit discours sans nous laisser l'occasion d'en placer une.

– Deux euros le programme, vous y trouverez le détail de la soirée et l'argent servira à…

– Non merci, on fait partie du spectacle, ai-je répondu d'un ton sec.

Rémy, tout en discutant avec Priscilla, nous jetait des regards en coin.

– Ceux qui font partie du spectacle peuvent aussi l'acheter, a rétorqué Sarah. Ça vous fera un souvenir pour…

– On a horreur des souvenirs, ai-je ajouté en cherchant le soutien de Malika. Et puis votre programme, il y en a une pile dans les coulisses, on se sert comme on veut.

– Vous ferez acte de générosité si vous l'achetez, a repris Marie-Amélie. On organise un voyage l'année prochaine. C'est pour nous aider à le financer.

– Vous avez déjà fait les réservations ? Tout est prêt ? ai-je coupé. Non, bon alors ? Je ne vais pas payer deux euros pour un voyage qui ne se fera peut-être pas. Nos parents se saignent pour nous donner un peu d'argent de poche, on ne va pas le gaspiller pour un programme qu'on a déjà.

Cette fille commençait vraiment à m'exaspérer. Et puis Rémy qui faisait les yeux doux à Priscilla et se rapprochait d'elle !

– Pourtant il y en a qui jouent et qui nous l'achètent, a poursuivi Marie-Amélie infatigable. Lucie en a pris un juste avant vous.

– Lucie ? Je ne la connais pas, ai-je rétorqué.

– Elle joue dans la première partie, je crois.

Elle a déplié un programme. Malika qui n'avait encore rien dit a lancé d'une voix douce :

– Ah oui ? Elle joue quoi, Lucie ?

– Elle fait le tour de magie, quatrième numéro. Si vous aviez le programme, vous…

– Elle a les cheveux frisés, non ?

– Ah non, pas vraiment. Sarah, est-ce que Lucie a les cheveux frisés ?

– Je ne suis pas sûre.

– Ce n'est pas elle qui s'habille toujours en noir ? a repris Malika.

– Toujours en noir ?

– Assez souvent, non ? En couleurs sombres, en tout cas. Je confonds peut-être.

– Oui, je crois. Mais je ne la vois pas tous les jours.

Elle s'est tournée vers sa copine Sarah.

– Tu sais si Lucie s'habille souvent en noir ?

Mais Sarah avait décroché. Elle regardait l'entrée. Des pigeons arrivaient, comme Ribéry toujours les mains dans les poches et toujours en jogging mais l'air moins guilleret que lorsqu'il nous fait courir dans la cour sous la menace de son chrono.

– Elle a un grain de beauté sous l'oreille droite, non ? a insisté Malika.

– Ah ! Euh… je ne sais pas, il faudra lui demander. Euh… à bientôt… bon spectacle !

– Et bonnes ventes !

Malika s'est frotté les mains, sans doute pour éliminer les fourmis dues au trac, et elle m'a dit :

– Je ne sors pas mon porte-monnaie quand on ne m'a dit ni bonjour, ni s'il vous plaît, ni merci. C'est un principe.

Les lumières se sont éteintes. On est restées dans la salle pour assister à la première partie. Malika trépignait en attendant le début du spectacle. Nono était tranquillement en train de blaguer avec des filles alors qu'il entrait sur scène le premier. Littlebit est passé près de nous à toute allure, il s'est arrêté juste devant Nono sans le voir et il a demandé, complètement stressé :

– Il est où Nono ?

– Là, m'sieur !

– Ah ! Tu es prêt ? C'est toi qui commences.

– Je sais, m'sieur.

– La salle est pleine à craquer. Monsieur Longver sera là ce soir. Il faut assurer. Pas de temps mort. Si quelqu'un a un trou sur scène, tu improvises.

Soudain les trois coups ont retenti. On a cru que Littlebit allait tomber raide par terre.

– Qui leur a dit de commencer maintenant ?

– Pas de panique m'sieur, a soufflé Nono, on est chauds, on va mettre le feu.

– Mollo sur le feu quand même, Nono, mollo !

Sephora est arrivée et a tendu un verre d'eau à Littlebit qu'il a avalé d'un trait. Nono s'est sauvé dans les coulisses suivi de la documentaliste soutenant Littlebit. Puis un projecteur a éclairé le devant de la scène.

Nono pour vous ce soir

Sur une musique de cirque, Nono a écarté le rideau à paillettes et a bondi sur scène, suivi de Priscilla qui essayait de rester stable sur les talons aiguilles qu'elle avait dû piquer à sa mère. Le projecteur était braqué sur eux. Dans une heure, ce serait notre tour. Rien que d'y penser mes jambes se sont ramollies.

Ils ont commencé leur petite présentation improvisée l'après-midi même dans les coulisses.

– Alors Priscilla, c'est ce soir qu'on accueille nos correspondants ? a demandé Nono.

– Exactement Nono, ils...

– Très bien, très bien ! Tout est prêt Priscilla ? Les acteurs sont en forme ?

– Bien sûr ! Ils se bousculent pour passer sur scène.

Elle jouait la potiche avec beaucoup de talent, à croire que c'était naturel. Nono ne lui laissait pas la parole et il avait raison. Il avait dû recevoir des consignes.

– Monsieur Longver, notre cher principal qu'on aime beaucoup et qui va me retirer les deux heures de colle dont je viens d'écoper, est-il arrivé ?

Priscilla a eu une moue ennuyée et elle a dit :

– Pas encore, Nono. Il vient d'appeler, il est coincé dans les embouteillages.

– Ah ah ! Alors la fête peut commencer ! Mesdames, mesdemoiselles, messieurs, enfants, parents, adolescents, correspondants, enseignants, étudiants et orangs-outans, bienvenue parmi nous ! Sortez vos mouchoirs et éteignez vos portables, Nono est là pour vous ce soir, le vrai Nono, en chair et en os. Quel homme !

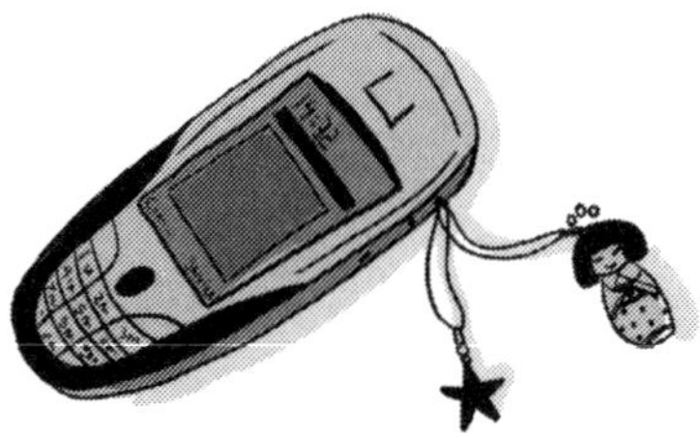

Sur une vieille chanson très aguicheuse dont les paroles proposaient : « Déshabillez-moi mais pas trop vite, pas tout de suite », Nono a enlevé sa veste d'une façon suggestive.

Les spectateurs ont sifflé, crié, hué et tapé des pieds. Il a fait voler sa veste dans le public et les filles se sont ruées dessus.

– Mais il a piqué notre idée ! s'est indignée Malika. Le strip-tease, c'est nous ! Tu imagines l'horreur si notre numéro fait un flop après celui de Nono et que tout le monde hurle « copieuses » !

La chanson de Nono s'est arrêtée. Le portable de Priscilla a sonné.

Elle a décroché.

– Les vigiles postés à l'entrée me signalent que monsieur le principal est arrivé. Il est prêt pour son discours.

– Alors le pantalon, ce sera pour plus tard ! Désolé les filles ! Monsieur Longver !

Nono s'est incliné très bas comme s'il attendait l'apparition de Louis XIV. Et c'est le principal qui est entré sous les applaudissements, poursuivi par un projecteur.

– Votre présence nous honore, a déclaré Nono très sérieusement.

Après une courte pause, il a ajouté :

– Avant que j'oublie, on se voit à la buvette pendant l'entracte pour discuter des deux heures de colle !

Tout le monde a ri, même le principal. Même moi. J'avais presque oublié qu'on passait en deuxième partie.

Littlebit a débarqué dans la salle. Il tournait et retournait ses feuilles où était indiqué l'ordre des passages. À côté de lui, Sephora tentait de le rassurer.

Les numéros se sont enchaînés, pas toujours réussis mais toujours très applaudis et annoncés par un Nono en forme. Un élève de troisième a récité un poème en allemand pour les correspondants. Des quatrièmes ont fait un sketch qui se voulait comique, mais qui n'a fait rire personne parce qu'ils connaissaient mal leur texte. Je n'ai rien compris au numéro de magie de Lucie.

Émilie, une fille qui était dans ma classe l'année dernière, a fondu en larmes parce qu'elle avait trébuché en entrant sur scène. Enfin on a eu droit au défilé sur fond de techno des copines de Priscilla qui s'est achevé avec l'élection de Miss collège. Une élection complètement truquée puisque c'est la meilleure copine de Priscilla qui a gagné.

– C'est un peu nul tout ça, ai-je soufflé.

– Oui, super !

Malika avait sans doute mal compris.

– Je disais que ce n'est pas terrible jusqu'à présent.

– C'est très bon pour nous. Quand les gens s'ennuient, la moindre petite étincelle les réveille et ils sont fous de joie.

– Tu crois que les spectateurs seront soulagés de voir un numéro potable après tout ce qu'ils ont enduré avant ?

– Exactement. Ils vont se déchaîner quand ce sera à nous.

Au moment où le principal faisait son discours sur l'intérêt des échanges avec l'étranger et le dynamisme de l'équipe des professeurs organisateurs, j'ai eu une irrésistible envie de bâiller. Il faut dire que la journée avait été mouvementée. Et puis en général, à cette heure-ci, je suis déjà couchée en train de rêver de Rémy.

Mon bâillement a été interrompu par la sensation désagréable d'être observée. Je me suis retournée. Antoine se tenait derrière nous dans la pénombre, sa caisse rouge serrée contre lui, et nous examinait avec des yeux pétillants comme des projecteurs. Voulait-il que j'aille jeter un coup d'œil au nouveau bouquet de fleurs ? Malika s'est retournée à son tour et elle lui a demandé en désignant la caisse :

– Tu as peur qu'elle s'envole ?

– Il y a une fortune là-dedans ! Devine ?

– De quoi m'offrir un diadème en diamants ?

– Arrête ! a-t-il gloussé l'air effrayé.

Je n'ai pas eu le temps de lui demander des détails sur l'opération bouquet de fleurs, Nono a annoncé après avoir avalé une énorme gorgée de jus d'orange :

– Et maintenant, entracte !

Antoine a filé à la buvette. Malika et moi, nous nous sommes précipitées dans les coulisses pour nous échauffer.

Caméra baladeuse

J'ai foncé dans les loges, je me suis jetée sur mon tube de vitamine C puis j'ai commencé les exercices d'échauffement indispensables pour un strip-tease. Alors que j'étais pliée en deux, la main gauche sur le pied droit et l'autre main en l'air, la porte s'est ouverte. C'était Castaldi, caméra au poing. Mes joues sont devenues brûlantes.

– Ah Camille ! Malika n'est pas avec toi ?

– Non, elle doit être là-haut, pourquoi ?

– Pour l'interview ! Ma caméra n'a pas fonctionné tout à l'heure. Vous lui avez fait trop d'effet ! Vous êtes de sacrés phénomènes toutes les deux !

Ses yeux sont devenus brillants et il m'a regardée par-dessus ses lunettes. Il est entré.

– Je peux te filmer pendant l'échauffement ?

– Ce n'est pas le plus intéressant.

– Si si, il faut qu'on ait un aperçu global du spectacle dans mon reportage. Remets-toi comme tout à l'heure, penche-toi bien. Tu es timide ?

Je n'ai pas eu le choix, j'ai exécuté ses ordres. Je me suis penchée, penchée, penchée.

À cet instant, Rémy est entré dans la loge. Benjamin s'est reculé d'un pas. Je me suis redressée illico.

– Ah, tu es là ? m'a-t-il demandé en affichant un faux air décontracté.

Il m'a embrassée sur la bouche. Qu'est-ce qui lui prenait ? On était devant le type le plus dangereux de la soirée, celui qui était susceptible de filmer nos ébats, de publier à la une du journal du collège une photo de nous et il m'embrassait ? Benjamin n'a pas appuyé sur le bouton « play » de sa caméra mais il a tout enregistré derrière ses lunettes de reporter. C'est sûr, dès la semaine prochaine, nos noms feraient les gros titres.

– Je vous gêne, peut-être ? a ajouté Rémy avec un demi-sourire plus prononcé que d'habitude.

– Pas du tout, me suis-je empressée de répondre avec le plus grand naturel. Je m'échauffe. On passe juste avant vous.

Rémy a examiné la caméra de Benjamin et il lui a demandé :

– C'est pour avoir des souvenirs de la soirée ?

– Non, c'est pour le collège.

Benjamin a encore reculé. Je n'étais pas mécontente que Rémy se montre un peu jaloux. Chacun son tour. Il a cessé de sourire.

– Et tu filmes MA copine alors qu'elle s'échauffe tranquille ?

– Ah, tu voulais être tranquille ? m'a interrogée Benjamin en se tournant vers moi.

À cet instant, Malika est entrée, un verre de Coca dans une main et une part de gâteau au chocolat dans l'autre.

– Et si Camille a envie d'être filmée ? s'est-elle écriée. Tu ne vas pas te mettre à jouer les machos, Rémy !

Benjamin Castaldi en a profité pour s'éclipser discrètement.

– Je ne joue rien du tout, a répliqué Rémy sans sourire. Je suis juste un peu énervé que MA copine se fasse filmer toute seule dans les loges par ce gros pervers qui va passer ses nuits à fantasmer sur ses collants moulants et son décolleté plongeant.

– Tu es jaloux, c'est tout.

– Je le connais ce type, c'est son genre, crois-moi.

– Ah bon ? Il a tourné des films X ? a ricané Malika.

– Mais Rémy, tu n'y es pas du tout ! me suis-je insurgée pour le rassurer. Il fait juste un reportage pour le collège.

– Et tu crois qu'il demande des interviews aux mecs ? Non, ce sont par hasard les filles bien foutues qui l'intéressent. À votre avis, pourquoi il s'est précipité sur Priscilla pour l'interviewer la première ?

J'ai cru avoir une attaque. Voilà ce qu'il pensait d'elle : qu'elle était la plus belle fille du collège ! J'ai baissé les yeux pour ne pas lui montrer les larmes qui menaçaient de les inonder.

– Alors je n'ai pas raison d'être méfiant ? a-t-il interrogé.

On est restées toutes les deux sans réaction.

– Faites comme vous voulez. Vous êtes prévenues. Si vous aimez ce genre de mec, ce n'est pas mon problème, a-t-il conclu en s'éloignant.

– Parfaitement, on aime ça, a crié Malika, et ce n'est vraiment pas ton problème.

J'étais tellement anéantie par la réflexion de Rémy que même la vitamine C est restée sans effet. Je me suis affalée sur une chaise.

– Tu veux un petit remontant, Camillette ? a proposé Malika en me tendant son gâteau et le verre de Coca.

J'ai croqué dans la part de gâteau, j'ai bu le Coca d'une traite et je me suis sentie beaucoup mieux. C'était presque aussi efficace que les bras, les baisers ou les mots doux de Rémy.

Puis le téléphone de Malika a sonné. Littlebit nous appelait.

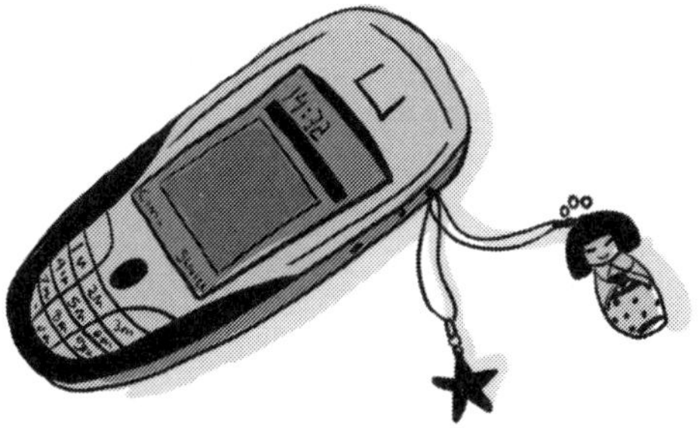

J'ai couru à la buvette chercher un deuxième verre de Coca pour un deuxième petit coup de fouet. Il y avait du monde

– Vous passez bientôt ? m'a demandé Antoine.

– Dans dix minutes.

– Bonne chance…

– Merde ! a coupé Charlotte. On dit merde quand on ne veut pas porter la poisse.

– Merde alors.

– Maintenant c'est trop tard. Quand c'est dit, c'est dit. De toute façon, je n'y crois pas à ces trucs-là. Tu veux un bout de gâteau au chocolat, Camille ? C'est la seule chose en laquelle il faut croire dans la vie.

– On ira vous voir quand on aura fini, a promis Antoine.

Je me suis précipitée dans les coulisses. Déjà les applaudissements retentissaient dans la salle et Nono annonçait la suite du spectacle. C'est à toi Camille, rassemble tes esprits, sois la meilleure. Il est là, il te regarde… Rémy.

Un show très chaud

Le gâteau au chocolat me pesait sur l'estomac et le Coca me faisait des bulles dans le ventre. Je me suis laissée glisser contre le mur jusqu'à m'asseoir par terre. Malika m'a regardée d'un air inquiet.

– Tu es déjà épuisée ! On n'a même pas commencé.

– Ça va aller, je récupère, ai-je lancé.

– Courage, Camouille, plus que cinq minutes et c'est terminé.

– ENCORE cinq minutes et c'est terminé, nuance…

– Tu as le trac, Camouille ?

Elle a posé ses mains sur les épaules et m'a massée. J'ai arrêté de penser à notre chorégraphie, de faire la liste des erreurs que je pouvais commettre et de chercher Rémy partout.

– Prête ? a-t-elle demandé.

– Prête !

Quand on a entendu la musique, on a cru avoir une crise cardiaque.

– Ils se sont trompés de CD, je rêve ! s'est exclamée Malika. À la régie, ils sont aussi nombreux que dans le métro à l'heure de pointe et ils ne sont même pas capables d'assurer.

Soudain, deux élèves habillés en blanc avec des chaises, un bocal et un pot de fleurs en plastique nous ont bousculées.

– C'est à nous, place !

– Mais non, c'est notre tour !

Littlebit est intervenu :

– Changement de dernière minute. Les mimes passent avant vous.

Malika a chuchoté :

– Il m'énerve, tu ne peux pas savoir ! Je vais l'envoyer promener avant la fin de la soirée.

– Il y a des imprévus dans un spectacle. Il fait ce qu'il peut.

– Tu parles de qui ?

– Du prof d'anglais et toi ?

Elle a tourné légèrement la tête et elle a dit en mettant sa main devant sa bouche :

– D'Antoine.

Il était planté derrière nous, comme un accessoire inutile. Un instant, je l'ai soupçonné de vouloir récupérer le pot de fleurs en plastique du numéro des mimes pour mettre le bouquet de Littlebit et Sephora dedans.

– Il va falloir que tu m'aides, Camille, je ne le supporte plus.

– Depuis quand ?

– Depuis ce soir. Tout le monde croit qu'il a changé mais pas du tout. Je l'observais tout à l'heure et je le revoyais avec ses boutons, ses chemises fermées jusqu'au cou, sa conversation de rat de bibliothèque, sa façon de nous suivre comme un misérable toutou. Et dire que j'ai été amoureuse de lui ! C'est terrible, tu ne peux pas imaginer !

Si, je pouvais imaginer. C'était exactement l'impression que j'avais.

– Je compte sur toi pour tout lui expliquer, m'a-t-elle lancé au moment des applaudissements.

– Lui expliquer quoi ?

– Tu trouveras bien. Tu as de l'imagination, non ?

Et elle s'est approchée de la scène. Ma bouche était plus pâteuse que jamais. J'avais soif. Impossible d'entrer en scène dans cet état.

Une bouteille de jus d'orange traînait sur le piano. J'étais sauvée ! Je me suis précipitée dessus. Antoine m'a suivie.

– J'ai un pépin, a-t-il murmuré la gorge nouée sans voir que mon jus d'orange passait obligatoirement avant son pépin.

– Ah oui ? C'est grave ? ai-je interrogé en ouvrant la bouteille.

Sous les applaudissements et quelques sifflets, les mimes retiraient les chaises, le bocal et le pot de fleurs de la scène. C'était à nous dans deux minutes. J'ai avalé trois grandes gorgées avant de m'arrêter net. Une sensation de brûlure a envahi ma gorge. J'ai commencé à tousser. Nono aurait-il mis de l'alcool dans la bouteille ?

– Chut ! a lancé Littlebit.

J'ai étouffé ma toux dans le rideau. Nono m'a envoyé une claque dans le dos et j'ai retrouvé mes esprits.

– Qu'est-ce que c'est ce truc ? ai-je demandé.

– Du pur jus d'orange, a-t-il répondu en désignant l'étiquette. Ça décape, non, quand on n'a pas l'habitude ?

Il a souri et il s'est éclipsé pour présenter notre numéro. C'était sûr, Nono et ses copains avaient ajouté de l'alcool dans la bouteille de pur jus.

Quand j'ai fait volte-face pour gagner la scène, ma tête a tourné comme une toupie.

Je me suis agrippée à Antoine qui ne m'avait pas quittée d'une semelle.

– C'est assez grave, a-t-il murmuré.

– Quoi ?

– Mon pépin.

– Ah ! On verra tout à l'heure.

– Maintenant ce n'est pas possible ?

– Tu peux attendre une minute trente, non ?

Je suis passée comme un bulldozer, arrachant tout sur mon passage, l'épaule d'Antoine, une chaise, une valise, un costume sur un cintre. Et j'ai failli m'étaler sur scène. L'intro démarrait.

J'ai filé à ma place côté jardin en me repérant grâce à l'enseigne « sortie de secours ». Pas gêné, Antoine, de me confier ses problèmes de cœur juste avant notre entrée en scène !

Le trac ne me harcelait plus. Mon cœur battait lentement, mes jambes étaient solides, j'étais prête pour le grand show !

On s'est installées dos à dos comme prévu par la mise en scène d'Antoine. Le rideau s'est ouvert, les lumières ont jailli. Dès les premières secondes, j'ai senti le regard de Rémy sur moi. Mon cœur-détecteur battait fort. Mais où était-il ? Je l'ai cherché discrètement des yeux.

Et je l'ai vu ! Même sans lunettes, j'ai reconnu son visage là-haut dans la régie alors que je voyais troubles les spectateurs du premier rang. Ses yeux étaient comme deux projecteurs qui m'éclairaient et me faisaient briller.

Dès les premières notes de musique, quelqu'un dans la salle a hurlé :

– Un strip-tease !

J'ai dû devenir toute rouge. Et la moitié de la salle a crié « Un strip-tease ! » en sifflant.

Malika a fait tournoyer son châle au-dessus de nos têtes. Des coulisses, Littlebit, paniqué, a chuchoté :

– Vous êtes sûres que vous ne voulez pas présenter votre numéro de danse classique ?

Pour toute réponse, Malika a envoyé le châle dans les coulisses. Il a atterri sur la tête de Littlebit qui, le téléphone à la main, s'apprêtait à appeler la régie pour éteindre la musique et fermer le rideau.

Malika a commencé à déboutonner son haut très lentement. Elle n'avait pas fini que j'avais déjà envoyé par terre le boléro et le foulard.

Pour ne pas attendre bêtement sans rien faire, j'ai improvisé des mouvements inspirés de notre spectacle de danse classique.

Les élèves et les correspondants se sont levés et ont tapé des pieds. La régie a monté le son tout en improvisant un jeu de lumières très adapté avec des projecteurs qui clignotaient dans tous les sens.

Quand j'ai voulu défaire ma jupe la fermeture s'est coincée. Sans hésitation, je l'ai arrachée d'un geste.

Lorsque nous avons salué, des hurlements ont retenti dans la salle. Littlebit et Sephora nous ont regardées quitter la scène, ébahis.

Enfin, Littlebit s'est repris et il s'est précipité pour aider le groupe de Rémy à installer son matériel.

Charlotte m'a sauté dessus :

– C'est gonflé ce que vous avez fait.

– Ce n'était pas bien ?

– Ah si, super !

Puis elle s'est précipitée sur la bouteille de jus d'orange sans que j'aie eu le temps de la prévenir. Elle a avalé plusieurs gorgées de suite sans broncher. Elle a ajouté :

– Moi, je n'aurais jamais osé.

– Tu m'avais caché tes talents, a déclaré Rémy en entrant sur scène.

Il portait des lunettes noires et une chemise à rayures comme les deux autres musiciens. J'étais bien décidée à rester dans les coulisses pour les encourager et à leur envoyer des ondes positives.

À cet instant, j'ai aperçu Antoine qui me faisait signe de le rejoindre dans les loges. Il avait l'air d'étouffer dans son tee-shirt. Quoi encore ?

Ah oui, son petit pépin ! Un pépin, surtout petit, ça ne prend qu'une minute. J'en profite pour lui transmettre le message de Malika et je remonte vite fait. Dommage de rater le début du concert, ma copine me racontera.

La palme d'or du crétin

On est descendus dans les loges désertes et silencieuses à part le robinet qui gouttait dans le lavabo. Les sacs et les vêtements gisaient en vrac sur le sol et le maquillage traînait sur les tables.

Antoine s'est adossé au lavabo. Je me suis assise sur une chaise et j'ai commencé à me remaquiller. Là-haut, la musique démarrait sous des tonnerres d'applaudissements. J'allais régler le problème d'Antoine rapidement. Et délicatement.

– Tu as un pépin, c'est ça ? Laisse-moi deviner…

– Tu ne peux pas imaginer, Camille. C'est trop horrible.

– Alors ce n'est pas un pépin, c'est un noyau ?

Hélas, l'humour de mon père est parfois contagieux…

J'ai regardé Antoine droit dans les yeux à travers le miroir.

– À part ça, tout va bien ?

– Ah oui, sinon je ne me plains pas.

– C'est le principal. Quand il arrive une tuile dans la vie, il faut penser à tout ce qui ne pose aucun problème. Et là, on retrouve le sourire. C'est comme l'histoire du verre, tu la connais ? Il y a deux catégories de personnes, celles qui disent que le verre est à moitié vide et celles qui disent qu'il est à moitié plein. Côté cœur, c'est pareil.

Je croyais entendre parler ma mère. Lorsqu'elle essaie de consoler quelqu'un, on met trois heures à comprendre où elle veut en venir.

Antoine a froncé les sourcils. Soudain, je l'ai trouvé beau avec cette tristesse de petit chat abandonné dans les yeux. J'en ai oublié le concert qui avait commencé sans moi.

J'ai ouvert le tube de rouge à lèvres très rouge et j'ai avancé la bouche. J'ai pris mon temps pour l'étaler en bougeant ma bouche dans tous les sens. Derrière moi, Antoine se mordait les joues, se tortillait les mains et se marchait sur les pieds.

– C'est pour le salut, ai-je expliqué. Ça me va bien ?

– Non.

– Ah bon ?

– Euh, si si, ça te va bien. C'est moi qui ne vais pas bien. J'ai mal au ventre.

Je me suis levée et j'ai fait quelques pas dans sa direction.

– Ça ne sert à rien de se mettre dans un état pareil, Antoine. Une de perdue, dix de retrouvées.

– Ah non mais là…

– Je sais, c'est terrible. Qu'est-ce que je peux faire pour te remonter le moral, dis-moi ?

– Rien, je vais me débrouiller seul.

– Si, si, j'y tiens.

J'ai avancé encore de quelques pas. Il a reculé. Cette fois, il était coincé entre le lavabo et l'essuie-mains. Il était trop mignon mon chaton. Terrorisé, il cherchait désespérément une issue. J'avais envie de le prendre dans les bras et de lui caresser la tête pour le réconforter.

– Antoine, ai-je susurré, promets-moi de ne plus penser à elle.

– Mais qu'est-ce que je vais leur dire ?

– Tu n'as de comptes à rendre à personne. C'est ton histoire.

Je comprenais qu'Antoine soit ennuyé de devoir annoncer à tout le monde que Malika l'avait plaqué. C'est là que j'ai réalisé qu'on avait eu raison de rester discrets avec Rémy. Au moins, on n'aurait aucune explication à donner à personne en cas de rupture.

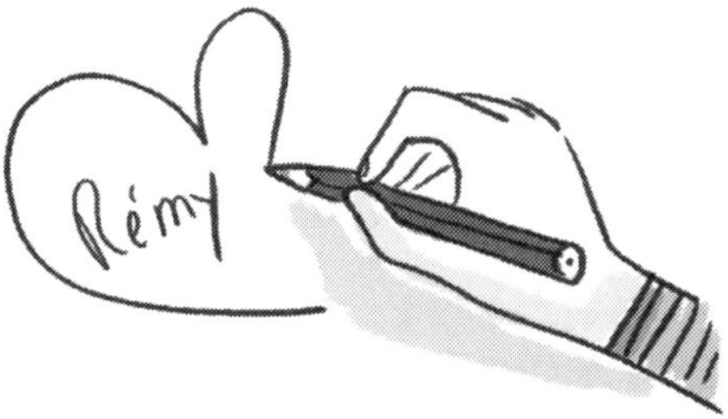

– Quand même, si j'arrive sans elle lundi au collège…

– Et alors, qu'est-ce que ça peut faire ? Je suis là, tu peux compter sur moi. On est amis oui ou non ?

– Oui.

– Si tu as le cafard, promets-moi de venir me voir. C'est bientôt les vacances, tu vas tourner la page et prendre un bon bol d'air.

Il n'y avait plus qu'un mètre entre nous.

– Camille !

– Antoine ! Oublie-la, s'il te plaît.

– Mais comment tu es au courant ?

– J'ai un sixième sens. Tout se devine sur ton visage.

Et là, je ne sais pas ce qui m'a pris, je me suis plaquée contre lui et j'ai posé mes lèvres rouges sur les siennes.

Il s'est hissé sur la pointe des pieds comme s'il tentait de s'échapper par le haut. Il a finalement cédé et s'est laissé embrasser. Quand il m'a repoussée, il avait les lèvres toutes rouges. J'ai éclaté de rire.

– On est trop bêtes, a-t-il lancé.

– C'était juste pour te redonner le moral !

– Et Malika ? a-t-il demandé.

Mais c'est à Rémy que je pensais à cet instant. Est-ce que je devais lui avouer que j'avais embrassé Antoine ? Est-ce qu'il comprendrait que je l'avais fait uniquement dans le but de consoler un ami en détresse ? Mieux valait ne rien dire.

Soudain la porte s'est ouverte. J'ai bondi en arrière. C'était Benjamin, caméra au poing. Il nous a regardés d'un air bizarre.

– Je cherche une fille qui s'appelle Charlotte, c'est pour une interview.

– Elle n'est pas à la buvette ?

Il a filé sans demander son reste.

Antoine s'est remis à tortiller ses mains, à mordre sa joue et à marcher sur un pied.

– Pour cette histoire de caisse, il vaut mieux que j'en parle maintenant, a-t-il déclaré.

– La caisse ? ai-je répété, éberluée. Quelle caisse ?

– Je n'aurais jamais dû la laisser traîner. J'aurais dû rester assis dessus ou me l'attacher autour du cou. Je ne me le pardonnerai jamais.

Tout à coup, j'ai compris ! Depuis le début je lui parlais de Malika et lui me parlait de la caisse qui contenait la recette ! L'affaire était autrement plus grave. Je me suis écroulée sur une chaise et j'ai trouvé la force de demander :

– Elle est perdue ou volée ?

– Volée, forcément. Je l'avais posée sur la table derrière la buvette. Quand je me suis retourné, elle avait disparu.

– Évidemment, il n'y avait qu'à tendre le bras pour la prendre.

– Oui je sais, je suis le roi des imbéciles.

Il remportait la palme d'or du plus grand crétin, oui !

– Et Malika ?

– Elle ne sait rien. À moins qu'elle ait un sixième sens, elle aussi. Surtout, ne lui en parle pas, elle va m'assassiner.

Des applaudissements ont éclaté. Le concert de Rémy était terminé. Je suis sortie de la loge en coup de vent et j'ai monté les marches quatre à quatre. Inutile d'évoquer la rupture. Antoine était assez ennuyé avec cette histoire de vol.

Les fêlés de la fête

Malika chantait à se casser la voix *La meuf de la teuf*. C'était l'euphorie dans les coulisses. Littlebit a entraîné Sephora dans un rock endiablé. Ils avaient l'air soulagés que la soirée se soit bien passée et ne semblaient pas nous en vouloir pour le strip-surprise.

J'ai glissé à Malika :

– Si tu savais ce qui arrive à Antoine !

– Arrête, c'est la fête !

– Non, pas vraiment.

Malika m'a serrée dans ses bras.

– C'était génial notre numéro !

– Ah oui ? Littlebit avait l'air furieux et j'ai déchiré ta jupe.

Nono est passé près de nous et a lancé :

– C'est le jus d'orange qui te met dans cet état, Cam ? En tout cas, chapeau pour le show. On a eu chaud dans les coulisses.

Le groupe de Rémy est sorti de scène sous les hurlements et les applaudissements.

– T'étais où, je ne te voyais pas ? m'a demandé Rémy en baissant sa capuche.

– Euh... pas très loin. Tu m'avais caché tes talents, toi aussi.

Il a regardé ma bouche bizarrement et il a dit :

– Qu'est-ce que tu t'es fait aux lèvres ?

– Elle s'est démaquillée dans le noir ! s'est exclamée Malika en riant. Ça ne se voit pas ?

– Oui c'est ça, ai-je approuvé, il ne faut jamais se démaquiller sans miroir.

Rémy m'a envoyé un smack. Il a remis sa capuche et il est retourné sur scène pour le rappel.

Dans la salle, des spectateurs se sont mis à danser et j'ai imité Malika qui se déchaînait.

J'aurais continué jusqu'à la fin de la chanson si je n'avais pas aperçu Antoine juste derrière moi, l'air complètement affolé. Il fallait que je parle à Malika de cette histoire de caisse.

Je l'ai entraînée dans les coulisses.

– La caisse a disparu, ai-je déclaré.

– La caisse de quoi ?

– La caisse des entrées. Avec tout l'argent.

Elle a dévisagé Antoine et elle a marmonné :

– Comment ça, disparu ? Elle ne s'est pas envolée toute seule ! Quelqu'un l'a...

– Oui, quelqu'un l'a volée, exactement ! a hurlé Antoine.

Malika est restée un instant bouche bée. On n'avait jamais entendu Antoine crier si fort.

– Alors comme ça, un voleur se promène dans le théâtre... a-t-elle murmuré encore sous le choc.

Elle s'est ruée dans les loges et est remontée trente secondes plus tard.

– C'est bon, j'ai tout, mon portable, mes sous et mon rouge à lèvres. Il est où, Antoine ?

Antoine était déjà parti poursuivre ses recherches.

On a tous suivi Nono sur scène pour le salut final sur fond de rap. Benjamin s'est planté dans le passage afin de nous filmer.

– Pauvre Antoine, a crié Malika pour couvrir le bruit de la musique. Il doit se morfondre tout seul et je ne suis même pas près de lui pour l'aider ! Tu lui as dit que je voulais casser ?

– Pas eu le temps.

– Ouf ! Tu me sauves ! Dès que le rideau se ferme, je vais le chercher et lui remonter le moral. Il est tellement sensible !

Elle avait les larmes aux yeux de le savoir si loin, si seul et si anxieux. Quand Littlebit et Sephora ont fait leur apparition, les applaudissements ont éclaté. En guise de discours, notre prof d'anglais a joué un morceau de saxo et Sephora a chanté une chanson en anglais. Puis Antoine a fait son entrée avec un bouquet de fleurs magnifique.

– C'est un magicien ! s'est exclamée Malika. Où est-ce qu'il a trouvé des fleurs si belles ?

Et tandis qu'Antoine se dirigeait vers Littlebit et la documentaliste, Malika s'est avancée vers lui et l'a serré dans ses bras en le couvrant de bisous.

Quand la musique de notre strip-tease a retenti, on s'est mis à danser et les spectateurs nous regardaient avec envie. Puis ils se sont levés et certains, comme mes parents, ont commencé à quitter la salle tandis que d'autres nous rejoignaient sur scène.

Mon cœur-détecteur s'est remis à battre à toute allure.

Rémy approchait.

– Tu es la plus belle, ai-je entendu dans le creux de l'oreille.

– Je t'aime !!! ai-je hurlé sans me soucier de la foule autour de nous.

Rémy m'a prise dans ses bras. Je me suis accrochée à son cou pour ne pas tomber.

La caméra de Benjamin était braquée sur nous. Je lui ai fait un grand sourire et j'ai tourné la tête vers Rémy pour l'embrasser sans ambiguïté. Zoom sur Rémy et Camille, gros plan sur le plus beau baiser de la fin de l'année, rideau !

Les coulisses de l'histoire

Benjamin zoomait sur Littlebit en train d'embrasser Sephora à travers son bouquet quand Charlotte, les yeux exorbités, s'est précipitée vers nous.

– J'ai réussi à monter sur scène, je n'en reviens pas ! s'est-elle exclamée.

Elle s'est jetée sur le tabouret du piano pour s'asseoir. C'est alors que Rémy m'a glissé à l'oreille :

– Ce n'étaient pas tes lunettes ?

– Mes lunettes ? Où ça ? ai-je rétorqué comme si je n'en avais jamais porté parce que j'avais réussi à m'en passer pendant une demi-journée.

– Sur le tabouret...

Oui, c'était bien mes lunettes. Moi qui les cherchais partout depuis cet après-midi !

Je me suis arrachée des bras de Rémy et j'ai fait un pas en direction de Charlotte. Persuadée que je voulais lui piquer sa place, elle a écrasé le tabouret de tout son poids.

– Non ! ai-je hurlé.

Rémy s'est précipité à son tour.

– Charlotte, tu es assise sur mes lunettes, ai-je hurlé.

– Mais non !

Elle ne se levait toujours pas, convaincue que je mentais. Puis elle s'est relevée lentement. Et c'est là qu'on a vu le désastre. Mes lunettes étaient en miettes, les branches arrachées, les verres en mille morceaux.

– C'est moi qui ai besoin de lunettes ! s'est exclamée Charlotte en pensant faire de l'humour. Je n'ai rien vu du tout !

– C'est malin, ai-je marmonné.

– Ce qui est fait est fait, a conclu Charlotte. Quelle idée aussi de les poser là ! À croire que tu voulais t'en débarrasser !

Rémy m'a tendu un Kleenex, j'y ai enveloppé les morceaux de mes lunettes et je me suis mise à sangloter dans son cou tandis qu'il me consolait.

– Ce ne sont que des lunettes. Tu en auras d'autres, toutes neuves, encore plus belles.

Antoine et Malika nous ont interrompus.

– On a besoin de vous, vite ! a lancé Malika.

Mon histoire de lunettes n'avait aucune importance à côté des problèmes de caisse d'Antoine. J'ai séché mes larmes et j'ai expliqué en deux mots toute l'histoire à Rémy.

On a filé à la buvette pour s'assurer que la caisse n'était pas restée là-bas.

Il n'y avait plus que Ribéry, assis à côté de son sac de sport posé sur une table.

– Vous venez féliciter les vedettes, monsieur ? a demandé Malika.

Il faisait aller et venir une boule de papier aluminium sous son pied comme s'il s'apprêtait à shooter dans un ballon. Lorsqu'il nous a vus, il nous a interrogés :

– Dites, les artistes, qui s'occupait de la caisse ?

Antoine est devenu blême et n'a rien répondu. C'était à Malika de déployer son imagination. Mais même ma copine est restée sans voix.

Ribéry à présent appuyait sur la boule d'aluminium nerveusement. Il avait deviné la disparition de la caisse, j'en étais sûre, son chronomètre devait avoir une fonction micro-espion.

– Antoine n'y est pour rien, a clamé Malika. Il a voulu aider Charlotte à la buvette.

Antoine a dégluti bruyamment comme s'il avalait d'un coup toutes les pièces de la caisse.

– Alors bonhomme ! s'est exclamé le prof de gym. On laisse traîner ses affaires n'importe où ?

– Je ne comprends pas, a tenté de mentir Antoine en rougissant jusqu'à l'encolure de son tee-shirt jaune.

Ribéry a soulevé son sac de sport. En dessous était posée une boîte rouge.

– Ma caisse ! a hurlé Antoine en se précipitant vers elle, les larmes aux yeux.

– Ce n'était pas prudent de la poser sans surveillance à la buvette pendant l'entracte, bonhomme. Heureusement que j'étais là ! N'importe quelle personne mal intentionnée aurait pu la voler. Moi, depuis qu'on m'a piqué mon chrono, je suis extrêmement prudent.

– On vous a piqué votre chrono ? s'est étonnée Malika, le sourire aux lèvres.

Elle m'a adressé un clin d'œil : il n'y aurait donc pas d'endurance en quatrième, au moins jusqu'en janvier, le temps qu'il commande un nouveau joujou au père Noël.

Antoine a ouvert la caisse et, d'un coup d'œil, a vérifié que l'argent y était. Alors qu'on se demandait si on allait remercier notre prof de sport ou l'insulter de nous avoir fait une peur pareille, le régisseur s'est présenté à la porte avec sa tête de mort vivant. Il n'a rien dit mais on a deviné qu'il était pressé de retrouver son cercueil.

Sortie des artistes

– Bravo ! Hourra !

Les applaudissements ont retenti tandis que la caméra de Benjamin nous suivait. Il y avait au moins une trentaine de personnes sur les marches et sur le trottoir, dont mes parents, des profs et des élèves.

Antoine a levé la caisse au-dessus de sa tête comme s'il venait de gagner la coupe des JO du meilleur vendeur de tickets. Malika a amorcé un nouveau strip-tease mais elle a trébuché sur une marche. Antoine l'a rattrapée à temps et elle a étalé un énorme bisou de rouge à lèvres sur sa joue en disant :

– Merci mon sauveur !

Charlotte a distribué les parts de gâteau qui restaient au principal, à Littlebit, à Sephora et à ceux qui se trouvaient autour d'elle.

– Tout doit disparaître ! clamait-elle. Super promo sur les gâteaux !

Marie-Amélie et Sarah se sont précipitées vers nous avec un stylo et des programmes.

– Encore vous ! s'est écriée Malika. Vous vous imaginez qu'on va acheter un programme à la fin du spectacle ?

– C'est pour un autographe !

Elles nous ont tendu un programme qui portait déjà une dizaine de signatures et de petits mots. Malika a écrit très vite et me l'a tendu. Quand je me suis retrouvée avec le stylo dans la main, j'ai essayé d'inventer autre chose que le « Gros bisou » inscrit en énorme par ma copine. Moi qui écrirais des pages et des pages sur tout et n'importe quoi, moi qui tiens un journal intime depuis deux ans sans oublier de mentionner un moment important de ma vie, moi qui invente toujours plein d'histoires, je n'avais aucune idée. J'ai réfléchi pendant quelques secondes qui m'ont paru durer une éternité.

Marie-Amélie et Sarah examinaient avec impatience la pointe du stylo qui tremblait sous mes doigts. J'allais opter pour : « Que d'émotions pendant ce super spectacle ! » qui me paraissait pas mal, mais impossible de me rappeler si on mettait un t ou deux s à émotions, moi qui suis d'habitude incollable en orthographe. C'était l'émotion justement…

Je ne sais pas ce qui m'a pris d'écrire : « C'est le début de la gloire ! » Sans doute les hip hip hip hourra ! qui n'en finissaient plus. J'ai acheté deux programmes à Marie-Amélie et Sarah, elles étaient quand même sympas de nous demander un autographe.

De son écriture pattes de mouche, Rémy a écrit dans le petit espace vide qui restait sous le titre : « Une soirée inoubliable, isn't it ? » et il m'a lancé un clin d'œil.

– Yes, it is. I love you, ai-je déclaré.

L'anglais était devenu un code qu'on était les seuls à comprendre sur terre. J'aurais adoré l'embrasser à cet instant magique mais franchement non, pas devant mes parents.

C'est alors que Rémy m'a demandé :

– Vous avez loué une pelleteuse ou quoi ?

Je me suis tournée vers le bac de fleurs. Il y avait un gros cratère au milieu, de la terre répandue au sol et les dernières fleurs qui restaient ne tenaient plus debout.

– Ça va, ça reste discret ? a interrogé Antoine, voyant qu'on examinait le bac.

– Un vrai travail d'artiste ! ai-je ironisé.

Malika a écarquillé les yeux en comprenant soudain d'où venait le superbe bouquet que tenait Sephora. On s'est placés tous les quatre devant le bac pour le dissimuler. On a fait un grand sourire et mon père nous a pris en photo.

J'ai alors senti le parfum de Sephora près de nous. Elle s'est adressée à Antoine :

– Je récupère la caisse, c'est plus prudent. Tout s'est bien passé ?

Antoine est devenu rouge comme une pivoine.

– Oui, aucun problème.

Et il lui a remis la caisse avec empressement.

Ribéry a envoyé la boule d'aluminium droit dans la poubelle du hall. Il n'a pas dit un mot à la documentaliste de notre mésaventure.

Le régisseur du théâtre est sorti, une cigarette à la main. La première chose qu'il a vue, c'est le bac de fleurs.

– Ils ont tout saccagé ! a-t-il bougonné. Si je retrouve les gamins qui ont fait ça, ils passeront un mauvais quart d'heure.

Heureusement, il n'a pas levé les yeux sur le bouquet de Sephora.

Mes parents et mon frère se sont approchés. Je ne m'étais jamais sentie aussi loin d'eux. Je ne m'étais jamais sentie autant Camille.

– On rentre, il est bientôt minuit, a déclaré ma mère, toujours préoccupée par l'heure du coucher.

– Et après minuit, c'est bien connu, le carrosse se transforme en citrouille, a plaisanté mon père. N'est-ce pas Blanche-Neige ?

– Cendrillon, tu veux dire.

– Ah oui, Cendrillon, il faut que je révise mes classiques. Ça fait tellement longtemps que je n'ai pas raconté d'histoires !

À cet instant, je me suis souvenue des longues histoires que me racontait mon père quand j'étais petite. En même temps, à côté de moi, je sentais la main de mon prince charmant effleurer la mienne.

– On va chercher la voiture pendant que tu dis au revoir à tout le monde, a lancé ma mère. Mais qu'est-ce que tu as fait de tes lunettes ?

Comment leur dire la vérité, moi qui entends qu'il faut que j'y fasse attention depuis que je connais l'histoire de Cendrillon ?

– On devrait t'acheter des lentilles, ce serait plus pratique, a-t-elle ajouté.

Plus pratique pour plaire à Rémy surtout, ai-je pensé.

Le temps que mes parents et mon frère aillent chercher la voiture, on avait deux minutes top chrono pour s'embrasser. Je me suis tournée vers Rémy. Il s'est tourné vers moi.

Mes lèvres se sont posées sur les siennes, à moins que ce ne soit l'inverse. La caméra de Benjamin est restée fixée sur nous tout le temps.

Lorsque j'ai entendu la voiture de mes parents freiner au bas des marches, mes lèvres se sont éloignées des siennes, à moins que ce ne soit l'inverse.

– Je n'ai pas envie de dormir, ai-je déclaré.

– Eh bien ne dors pas, m'a-t-il répondu.

C'est vrai ça. Pourquoi ne pas prolonger les journées aussi fortes en émotions ? Pourquoi ne pas écrire sur le vif mes impressions de cinquième ? J'ai toutes les vacances pour me reposer !

Mon père a klaxonné. J'ai commencé ma série de bises pendant qu'un groupe de filles se jetait sur Rémy pour le prendre en photo avec leurs portables. Avec Malika on s'est embrassées comme si on se voyait pour la dernière fois, alors qu'on s'appellerait le lendemain avant midi.

– Camille, tu es ma meilleure, meilleure...

– Toi aussi, tu es ma meilleure, meilleure...

– Sans toi, je ne serais jamais...

– Moi non plus, je ne serais jamais...

J'ai descendu les marches comme une star. La portière de la voiture était ouverte. Je me suis engouffrée à l'intérieur et j'ai fait un signe de la main à tout le monde. J'étais si fatiguée que je me suis endormie après le premier feu rouge.

Mon journal intime attendra. J'ai toutes les vacances pour l'écrire. Toute la vie même !

DU MÊME AUTEUR,
DANS LA COLLECTION POP

**Moi aussi,
je suis une ado !**

Alice en a marre des poupées et des vêtements de petite fille sage. C'est décidé : elle veut être une ado, elle aussi ! Comme son grand frère et sa grande sœur qui ont le droit de faire plein de choses et de voir leurs amis quand ils en ont envie.
Mais Alice n'a que 10 ans et ses idées plus ou moins farfelues pour paraître plus âgée font rire son entourage.
Heureusement, elle peut compter sur sa meilleure amie, Joséphine…

L'auteur

Ségolène Valente est écrivain pour la jeunesse. Elle est née en 1973 à Paris. C'était peut-être votre copine dans un collège de Seine-Saint-Denis où elle a grandi. Vous l'avez peut-être eue en prof de français à Paris où elle a enseigné pendant trois ans. Vous l'avez peut-être vue jouer au théâtre, elle a aussi été comédienne pendant de nombreuses années.

Elle a toujours écrit : son journal intime, des poésies, des articles, des nouvelles, des pièces de théâtre, des chansons. Son premier roman, *Ma Première Boum,* qui était initialement destiné à sa petite sœur Mathilde, a paru en 1999. C'est le premier volume des aventures de Camille qui connaissent un grand succès.

Elle vit actuellement à Palaiseau avec son mari et ses trois fils : Gaspard, Basile et Hector. Vous avez peut-être joué au foot avec eux dans l'impasse ?

Vous pouvez la retrouver sur son site et lui envoyer un message : www.segolenevalente.fr

L'illustratrice

Née à Montpellier d'un père français et d'une mère norvégienne, **Isabelle Maroger** a dès son plus jeune âge gribouillé partout et sur tout, de préférence sur les rideaux du salon, sur son petit frère, sa grande sœur, son chien et son chat… Cela lui a réussi car elle a poursuivi ses hautes études de gribouillage dans une vraie école de dessin, l'école Émile-Cohl de Lyon.
Désormais elle illustre des livres et des magazines pour enfants ou femmes chic. Elle aime créer des images graphiques et qui donnent le sourire :)
Isabelle Maroger vit à Lyon.

Retrouvez les collections

Rageot

sur le site www.rageot.fr

PAPIER À BASE DE
FIBRES CERTIFIÉES

RAGEOT s'engage pour
l'environnement en réduisant
l'empreinte carbone de ses livres.
Celle de cet exemplaire est de :
900 g éq. CO_2
Rendez-vous sur
www.rageot-durable.fr

Achevé d'imprimer en France en mai 2016
chez Normandie Roto Impressions
Dépôt légal : juin 2016
N° d'édition : 5106 - 01
N° d'impression : 1602165